实战图解操盘绝技系列

股市有风险　入市需谨慎

实战图解
K线技术

赵　信◎著

| 见底K线 | 低位抄底 | 封顶K线 | 高位逃顶 |

经济管理出版社

ECONOMY & MANAGEMENT PUBLISHING HOUSE

图书在版编目（CIP）数据

实战图解K线技术/赵信著. —北京：经济管理出版社，2016.7
ISBN 978-7-5096-4420-1

Ⅰ.①实… Ⅱ.①赵… Ⅲ.①股票交易—图解 Ⅳ.①F830.91-64

中国版本图书馆CIP数据核字（2016）第109319号

组稿编辑：勇　生
责任编辑：勇　生　王　聪
责任印制：司东翔
责任校对：王　淼

出版发行：经济管理出版社
　　　　　（北京市海淀区北蜂窝8号中雅大厦A座11层　100038）
网　　址：www. E-mp. com. cn
电　　话：(010) 51915602
印　　刷：三河市延风印装有限公司
经　　销：新华书店
开　　本：720mm×1000mm/16
印　　张：10.75
字　　数：138千字
版　　次：2016年8月第1版　2016年8月第1次印刷
书　　号：ISBN 978-7-5096-4420-1
定　　价：38.00元

前　言

　　根据我国的经济发展情况可以看出，经济的快速增长，以及金融行业的不断发展，都共同带动了 21 世纪股票投资的新增长。繁荣的股票市场往往给缺乏经济基础的人带来了"以小钱赚大钱"的机会，而对于那些志向更大的人来说，股市更是一块经济福地。然而这个"有经验的人获得很多金钱，有金钱的人获得很多经验"的地方也常常危机四伏，投资者若想在股票市场中获利，除了有足够的股票知识和实战经验外，还要具备胆大心细的心理素质。

　　K 线就是这样一种既需要足够经验又需要超强心理素质才能驾驭的技术工具之一。股市中 K 线种类繁多且难度不一，既是一种投资股票的入门工具，又是一种越学越精妙的炒股利器。所以，K 线在实战中起着关键的作用，它决定着操作决策，因此，全面了解 K 线的相关知识显得尤为重要。

　　本书主要针对的就是那些刚刚迈进股市理财领域的金融人士，向他们提供多方面的 K 线知识，希望能够帮助其进行准确的投资。每一位股民进入股市后，首先接触到的就是 K 线图，它具有广泛性、规律性以及通俗易懂等特点。通过分析观察 K 线图上的 K 线走势，我们可以预测股市股价的趋势方向。在红红绿绿的 K 线图上，我们不仅能看到股价当天的走势情况，还能很清晰地看到股市过去时间段内的股价走势情况，通过分析股价的历史以及现在的走势还能够分析出股价未来的走势。

可以说，K 线是股市最基本也最强劲的股票技术分析工具，是投资者驰骋股市的"指路灯"。它不仅能非常客观、立体、多层次地反映股票市场蕴藏的信息，还能够充分地显示股市股价趋势的强弱以及股票买卖双方的力量转化的情况。它的准确性能够使我们获取更有利的信息，根据 K 线的形态，我们可以获知一定的投资依据，分析预测股价的未来走势，指导投资方向，从而赚取巨额的投资回报。

为了帮助股民学习并掌握这种实用的 K 线分析方法，我们特编著了此书。在本书中，笔者对单根 K 线、K 线组合以及 K 线形态的形成过程进行了详细的讲解，并配以实际案例和示意图进行说明，以方便读者认识、掌握 K 线的基础知识，从而进一步掌握它的市场意义和技术要点，最终能够在实战中得到应用。

本书由浅入深对股票控盘过程中的各个阶段，通过通俗易懂的语言以及实际的案例来对 K 线不同阶段的形态进行剖析，以便帮助读者了解庄家意图，制定与之匹配的操作策略，使自己在多变的股市中能够从容应对。

此外，在本书的最后两章，通过解读反转形态 K 线以及量价关系对 K 线的技术影响的内容做了较为详尽的讲解，力图让读者全面深刻地理解股市技术分析方法。虽然，K 线的优点很多，但是投资者不能盲目地迷信 K 线，更不能仅仅依靠 K 线图就对个股走势进行决断。因为股票市场总是风云突变、捉摸不定，所以在实际操作中，投资者应该结合其他对 K 线分析起辅助作用的技术面内容，例如成交量、均线等，同时，还要保持正确的心态，这样才能在股市中胜之有道。

总体来说，本书在章节安排上，首先对 K 线的基础知识进行讲解论述；其次对 K 线组合以及 K 线形态由点及面进行了全面的讲解；再次详细地分析了反转型 K 线形态特点以及实际案例；最后通过反映量

价关系经典案例的解析，使读者能够更加直观地解读 K 线走势。在全书的介绍讲解过程中，我们既注重理论知识，也注重实例解析，希望读者在读过本书后，能够掌握 K 线的分析之道，并能够把它们应用到实战过程中去，把握买卖时机，在股市中获得稳定的收益。

目　录

第一章 认识K线

第一节 什么是K线

1. K线的起源

K线最早起源于日本，300多年前，日本正处于德川幕府的统治时期，当时从事粮食生意的商人就用这种高低起伏的线来记录粮价的涨跌情况。这就是最早地将买卖双方力量的增减以及转变的过程和实战结果用图形方式表示出来的雏形。之后，美国人史蒂夫·尼森根据自己的实战经验以及相关知识，出版了《阴线阳线》一书，首次向全球的金融投资者提供了叱咤股票市场的有利工具。这本书叙述简单，方便准确，一经出版便引起巨大的反响，史蒂夫·尼森也因为这本书的面市，被读者尊称为"K线之父"。

2. K线的应用

随着经济的发展，技术派人士开始在证券买卖市场使用这种图标，将各种股票每日、每周、每月的开盘价、收盘价、最高价及最低价等涨跌变化状况，用图形的方式表现出来。随着越来越多的人参与使用，其逐渐发展成为一套成熟的股市分析理论。

如图 1-1 所示。K 线由实体以及上影线、下影线组成，最上方的一条细线称为上影线，中间的一条粗线为实体，下面的一条细线为下影线。由于它是由两种不同颜色（红、绿）组成的。K 线也叫作阴阳线，K 线的实体分阳线和阴线两种，目前，K 线理论应用于股市分析，已被投资者广泛接受。

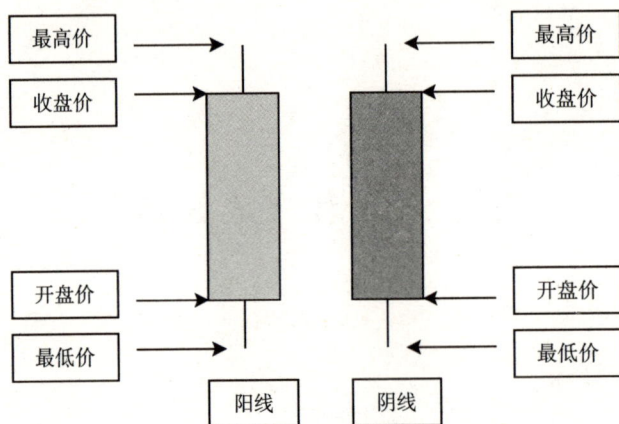

图 1-1　K 线示意图

可以说 K 线是股市技术分析中最基本的方法之一，K 线有许多种类与形态，就像音乐里的五线谱能够谱出千变万化的曲调一样，K 线也能组合成千姿百态的技术分析图形。K 线有悠久的历史，它具有准确、信息容量大等特点，K 线的分析方法是人们在实战中总结出来的，投资者只有准确掌握 K 线的分析技术才能够在股市中游刃有余，并做出正确的判断和投资决策。

第二节 K线的分类

K线的种类多种多样，它包含的信息也是极为丰富的，不同K线的不同分类代表着股市不同的走势侧面，蕴含着股市不同的买卖信号。

1. 按时间因素分类

如图1-2~图1-5所示，从时间因素上分，可以将K线分为日K线、周K线、月K线及年K线。此外，还可以将一日内交易时间分成若干等分，如5分钟K线、15分钟K线、30分钟K线以及60分钟K线等。依据时间因素，这些K线所反映的信息也是不同的。比如，日K线反映的是股市股价短期的走势，周K线、月K线、年K线反映的则是股市股价长期的走势。它们的绘制方法大同小异。

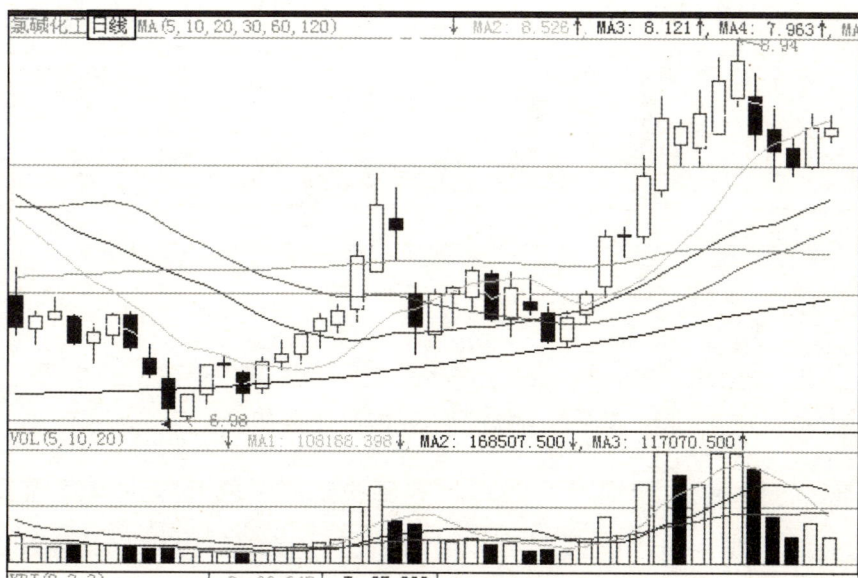

图1-2 氯碱化工（600618）日K线

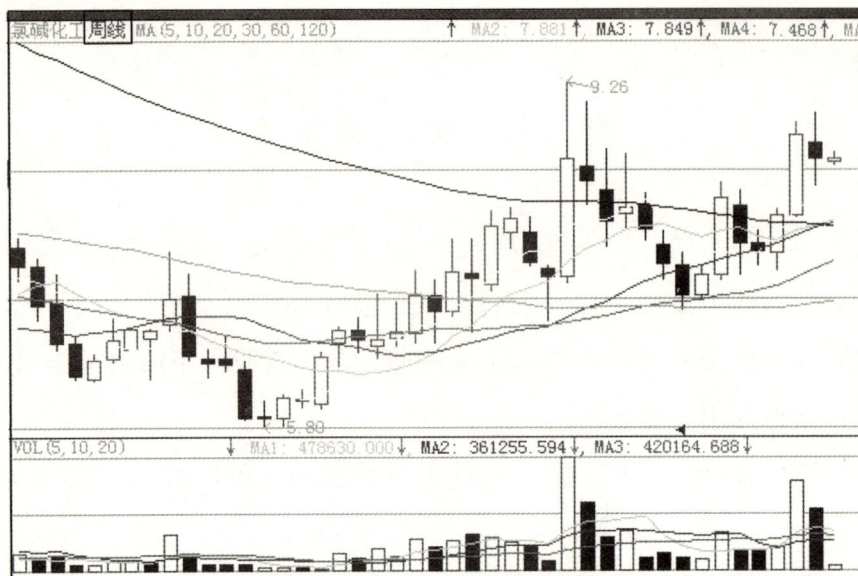

图 1-3　氯碱化工（600618）周 K 线

图 1-4　氯碱化工（600618）月 K 线

　　例如周 K 线，绘制周 K 线，只需要找到周一的开盘价以及周五的收盘价，还有一周内的最高价和最低价，这样就可以把它绘制出来，而计算机上的周 K 线所标注的时间也就是收盘价的时间。

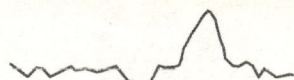

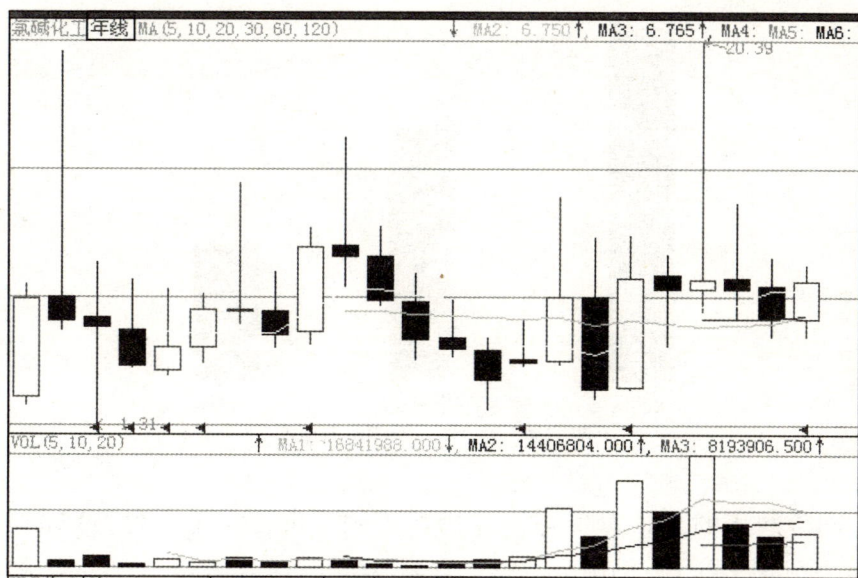

图 1-5 氯碱化工（600618）年 K 线

2. 按形态因素分类

从形态因素上分，可以将 K 线分为阳线、阴线以及同价线三大类型。当收盘价高于开盘价时，K 线即为阳线。如图 1-6 所示，按照阳线实体的大小，阳线又可以细分为大阳线、中阳线和小阳线。

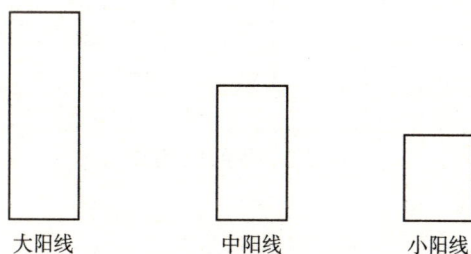

大阳线　　　　中阳线　　　小阳线

图 1-6 大、中、小阳线示意图

如图 1-7 所示，当收盘价低于开盘价时，即为阴线，同样地，也可以分为大阴线、中阴线和小阴线。

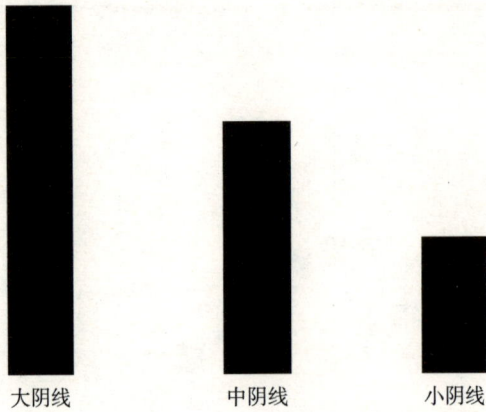

大阴线　　　　　中阴线　　　　　小阴线

图1-7　大、中、小阴线示意图

同价线指的是收盘价与开盘价处于同一价位，是一种特殊的 K 线形态，根据有无影线以及影线长短的不同，K 线可以分为长十字线、十字线、T 字线、倒 T 字线和一字线，如图 1-8 所示。

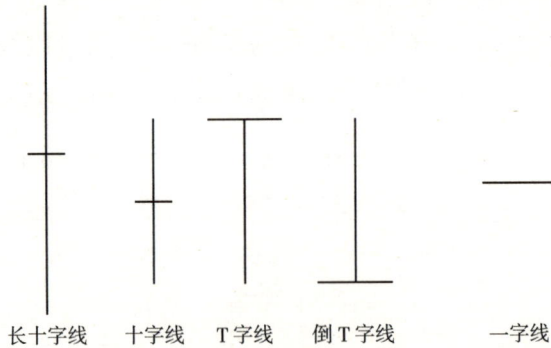

长十字线　　十字线　　T 字线　　倒 T 字线　　　一字线

图 1-8　同价线示意图

3. 按股票价格进行分类

根据开盘价与收盘价的波动范围，可将 K 线分为极阴、极阳，小阴、小阳，中阴、中阳和大阴、大阳等线型。一般情况下，它们的波动范围如下：极阴线与极阳线的波动范围控制在 0.5% 左右；小阴线与小阳线的波动范围控制在 0.6%~1.5%；而中阴线与中阳线的波动范围一般控制在 1.6%~3.5%；一般情况下，大阴线与大阳线的波动范围较

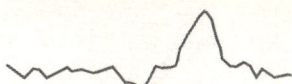

大，一般控制在 3.6% 以上。

第三节　研究 K 线组合与 K 线形态的意义

1. K 线组合以及形态的多样性

K 线自应用以来，它的形态就是多种多样的。在实际操盘过程中，了解不同 K 线及 K 线组合的形态和规律能够帮助我们及时了解股市的最新行情。其中，K 线组合的形态可以分为许多种类，目前最常见的主要有红三兵、黑三兵、圆弧底、"V"字形底部、连续十字星、乌云压顶、曙光初现、日出之星及日落之星等。

一些典型的 K 线以及 K 线组合，在实际行情中会不断地重复出现，因此，如果你掌握了 K 线的这些规律，它将帮助你准确地预测股市行情，能在很大程度上提高你的胜算。例如，底部看涨 K 线组合出现时，它透露给你股价很快就会上升的信息，提醒投资者买入；当顶部看跌 K 线组合出现时，它则在告诉你此时风险已经形成，要及时地获利卖出。

2. 研究 K 线组合以及形态的意义

投资者通过观察 K 线的不同形态，根据 K 线的变化规律，可以准确地对股价的未来进行预测，从而做出正确的判断和投资决策。通过对 K 线最高点以及最低点的观察，可以准确地发现股价在所在区域受到的阻力以及得到的有效支撑。通过连续跟踪观察一只股票 K 线的变化，可以了解股力的操作手法，从而了解股票的价格走向，有利于投资者获得最大利润。

下面就对几种常见的 K 线形态进行分析，分析其在股市中的含义

以及对投资者产生的影响。因此，投资者可以结合实战案例运用 K 线的变换规律进行深入了解，增强自己的盘感，提升其洞察盘面以及捕捉交易信号的能力。

第二章 单根K线的实图解析

第一节 阳线（大阳线、上影阳线、下影阳线）

阳线是证券市场中收盘价高于开盘价的K线。当收盘价高于开盘价，也就是股价走势呈上升趋势时，我们称这种情况下的K线为阳线。如图2-1所示，K线图中用红线注表示涨势。K线中间的一条粗线为实体，中部的实体以空白或红色表示。实体上方的细线称为上影线，下方的一条细线称为下影线。K线中上影线的长度表示最高价和收盘价之间的价差，实体的长短代表收盘价与开盘价之间的价差，下影线的长度则代表开盘价和最低价之间的差距。

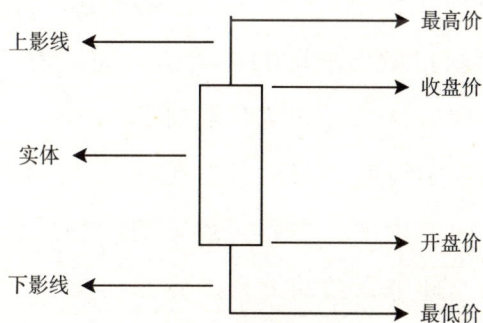

图 2-1 阳线示意图

1. 大阳线

形态释义

大阳线表示股市最高价与收盘价相同或者略高于收盘价，同样地，最低价与开盘价一样或者略低于开盘价。如图 2-2 所示，大阳线的 K 线图上下是没有影线的，或者其上下影线很短。

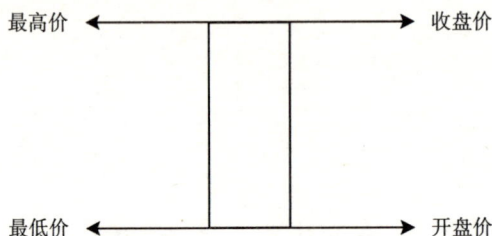

最高价 ← → 收盘价

最低价 ← → 开盘价

图 2-2 大阳线示意图

大阳线 K 线图表示从一开盘，买方就主动出击发动积极进攻，中间也可能出现买方与卖方的斗争，但是买方发挥最大力量，疯狂涌进，不限价买进，同时握有股票者，因看到买气的旺盛，不愿抛售，从而导致出现供不应求的状况，一直到收盘。在这期间买方一直占主动地位，股票价格一路上扬，直至收盘。因此大阳线的基本 K 线形态表示市场买方踊跃，涨势未尽。

实战操作要点

大阳线最大的特点是使得股价拉升的机会大大增加，因此，当投资者看到大阳线时应该积极把握、认准形势，从而得到强有力的买入时机。那么，如何获得最为准确的买卖信号呢？为了保险起见，我们一般会从大阳线出现后第二天的情况来判断。

在实战中出现大阳线后，通常会出现以下三种情况：

（1）买方持续向上攻击，股价一路飙升，持续上扬，此时投资者最好做好买入准备，迎来强劲的上升走势。

（2）股票呈现横盘整理的趋势时，股价区间仅作为一种表现形式，最重要的还是量能的变化。这种情况下要看之后两个交易日的收盘在大阳线之上还是之下运行。如果这两日的K线均在大阳线的收盘价上方运行的话，那么投资者就要迅速买进，因为这是多方力量强大的表现；大阳线出现后，随后两三天股价跌破了大阳线的开盘价，投资者则要马上止损离场。因为大阳线本是多方力量充足的表现，但是如果大阳线并没有引起庄家的做多心态，反而出现了大量的获利抛出，则表现出了市场的恐慌情绪，此时顺势而行即可，千万不能一根大阳线而流连驻足，造成更大的损失。

（3）当出现放量的大阳线后，如果股价连续两日收盘价站在大阳线之日阳线实体顶端之上，那么第三天开盘才是最佳买入点。当出现放量的大阳线后，如果股价连续两天收盘价站在大阳线之日阳线实体的底端之下，那么第三天开盘就是最佳卖出点。

只有真实动态地判断真假大阳线，才是对放量精髓的一种实质性应用。

2. 上影阳线

形态释义

上影阳线是指在多方和空方相搏中，空方力量较强，多方虽有上冲，但是力量不够，所以不能维持向上，因而形成上影线，如图2-3所示，上影阳线中当日开盘价为最低价，之后价格一路上扬，但在收

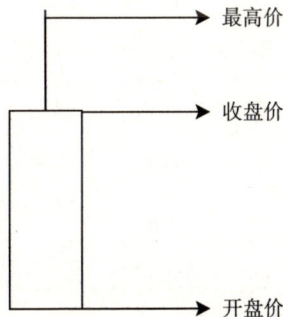

图2-3 上影阳线

盘时却有所回落。

一般而言，上影阳线预示着下一个交易日股价可能会走低。上影阳线的出现蕴含两个方面的市场信息：一是多方在当日曾经力图拉升过股价；二是多方拉升的结果并不是很成功，因为在收盘前股价相对于拉升时的最高价出现了一定程度的下跌。

实战操作要点

上影阳线这种图形常见于主力的试盘动作。上影线的长短与受阻力度的大小有关，上影线越短，股指或股价抛压阻力越小；反之，上影线越长，股指或股价的抛压阻力越大。一般情况下，上影线较短的阳线所表示的意义不太明显，而长上影线所表示的意义趋势就比较明显，因此在实际操作中要格外注意。

在实际应用中，当明显的长上影阳线在 K 线图中出现时，投资者要根据实际情况分别对待。一般来说，如果长上影阳线出现在低位，则说明主力此时正在试盘，这种情况下股票得到拉升的概率比较大；而如果长上影阳线出现在高位，则说明此时股市抛压太大，主力已无力护盘，这种情况下股价大多会呈现下跌趋势。

另外，我们还可以通过比较影线与阳线实体的长短来判定个股中多方与空方的力量对比情况，如果图中上影线比实体短，则说明虽然多方在高价遇到了阻力，但多方仍是市场的主导力量，后市继续看涨；而如果图中上影线比实体长，则说明空方的抛压较重，如果个股此时前期的涨幅较大或近期上涨速度较快，则说明多方已无力再次发动大幅拉升，是个股短期内出现大幅下跌的信号。

3. 下影阳线

形态释义

下影阳线是指股价开盘之后某段时间出现掉头向下的趋势，但收盘之前某段时间，掉头向上，最后收复开盘价，拉出长长下影线。下影阳线的出现，表明多空交战中多方的攻击沉稳有力，股价先跌后涨，行情有进一步上涨的潜力，如图 2-4 所示。

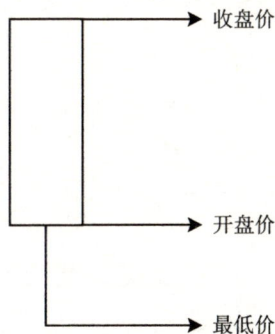

图 2-4　下影阳线

实战操作要点

一般来说，出现这种 K 线形态，是由于买卖双方分歧较为明显导致的。此种情况下，卖方在全天的前一时间段内占有优势，而买方在后一时间段内占有优势，全天交易结束后，股价在总体上出现了上涨，在当天的价格交锋中，最终以买方获胜而收盘。

因此，下影阳 K 线有止跌助涨的作用，在实际操作中，如在上涨初期见到下影阳 K 线形态出现后，那么预示此后股价重心会慢慢地向上移动，股票后期以上涨趋势为主，这样投资者也就可以跟进做多了。

当这种带有长下影线的阳 K 线出现在下跌趋势中，并不是一个止跌信号，它只不过是多方一次无力的反抗行为而已。

当然在股票实际操作中，并非所有的长下影阳线都代表股价会止跌回升，要根据实际的情况具体问题具体分析。如果前期已经奠定了下跌趋势，股市也不会因为仅仅一两根阳线的出现而发生改变。真正的底部需要一个漫长的过程，投资者切勿盲目操作，这样往往给自己带来无谓的损失。

第二节　阴线（大阴线、上影阴线、下影阴线）

1. 大阴线

形态释义

大阴线又称作长阴线，大阴线是股价走势图中常见的 K 线，如图 2-5 所示。此种图表示最高价与开盘价相同或者略高于开盘价，最低价与收盘价相同或者略低于收盘价。它的特征就是当天几乎以最高价开盘，最低价收盘，上下没有影线（或上下影线短）。

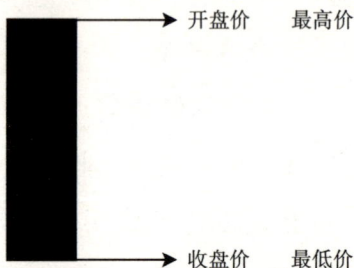

开盘价　　最高价

收盘价　　最低价

图 2-5　大阴线示意图

出现这种特征时，代表从一开始，卖方就占优势。股市处于低潮。握有股票者不限价疯狂抛出，造成恐慌心理。市场呈一面倒，直到收盘，价格始终下跌，表示强烈的跌势。它表示多方在空方打击下节节败退，毫无招架之力。

一般情况下，大阴线的力度大小与阴线实体的长短存在正比关系，阴线的实体部分越长，阴线的力度就会越大；阴线的实体部分越短，阴线的力度就会越小。大阴线的出现对多方来说是一种不祥的预兆。当然，在实际操作中并不是所有的大阴线后都是股价的下跌，这个要

根据股市的具体情况具体分析。有些时候，在大阴线出现之后，股价可能会上涨。

实战操作要点

一般情况下，大阴线出现在涨势之后，尤其是较大涨幅之后，它表示股价即将回档或者正在做头部。这时应卖出股票为宜；大阴线出现在较大跌幅之后，暗示做空能量已经释放得差不多了，根据"物极必反"的原理，此时要弃柔而买，考虑做多，逢低吸纳一些股票。

在实际操作中，大阴线有高位大阴线以及大阴线见底等形态。股价相对高位出现的放量阴线，跌幅是上涨以来最大的跌幅，它是风险到来的标准信号之一。它说明上涨过程中做空力度比较虚弱，只要多方仍然有力度发动上涨行情，就可以继续做多。因此，切不可盲目进行操作，要根据实际的操盘情况进行选择。此外，大阴线见底特征有以下几种形态：擎天一柱底、前小后大怀抱线、前大后小孕出线、上拉线。

（1）擎天一柱底，此形态要求必须为大阴线，即跌幅要达到 6% 以上，反映到图形上则表现为当天开盘价在前一根 K 线下部或小幅低开，即与前一根 K 线没有或有极少量重合。通常情况下，这种形态中当天的股市收盘价与最低价均为波段最低收盘价与最低价，此时股票的成交量会出现缩量或有时会略微地放量，这里可以很明显地看出这是最后诱空杀跌的行为。

（2）前大后小怀抱线，此种形态是表示股价当日的开盘价高于前一天的股市最高价，股价当日高开低走，到最后会收成一根中大阴线，此大阴线将前一根的 K 线形态完全吞没，此种形态中后面的 K 线将前面的 K 线完全吞没，形成前小后大怀抱线的形态，这是股价波段见底或即将见底特征，当然，股票次日的确认线也同样非常重要，若第二日的股票价格是高价位开出，并且发生下降回落时并不低于前一日的股价最低值，此时如果股市后期出现一根中大阳线，突破了阴线的开盘价，并呈明显的放量状态，股价就会马上呈现反转趋势。

（3）前大后小孕出线，也称"孕出线"，是指第二支日线从第一支日线中孕抱而出，第二支 K 线的交易区间都在前一日的交易区间内。

（4）上拉线，股价在低档区加速下降，会出现中大阴线，第二日股价直接跳高高开至前一阴线的实体内开盘，并且上升之势明显，收盘高于当天的偏高价位，出现一根上拉阳线。一般情况下，这是股市出现股价反弹的预示信号，当然这不是绝对的，也可能接下来几日股价会降低回落。

2. 上影阴线

形态释义

如图 2-6 所示。上影阴线是一种带上影线的阴实体，上影阴线收盘价低于开盘价。上影阴线、倒 T 形线这两种线型中的任何一种出现在高价位区时，说明上档抛压严重，行情疲软，股价有反转下跌的可能；如果出现在中价位区的上升途中，则表明后市仍有上升空间。

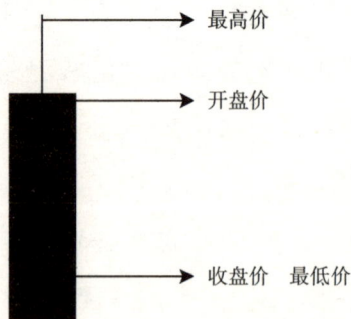

图 2-6　上影阴线

上影阴线表示从一开盘，买方与卖方即进行征战。买方占上风，股价一路上扬，但是在高价位遇到卖压阻力，卖方组织力量进行反攻，此时买方节节败退，并最终在最低价收盘，卖方占优势，并充分发挥力量，使买方陷入"套牢"的困境。

实战操作要点

买方力量一度非常强大，将股价大幅拉升，但是在随后多空力量的抗衡中空方占了上风，将多方苦心经营的战果夺回，并使收盘价收在了前收盘之下。长上影阴线出现于中高价区，股价经过连续上扬之后，日 K 线出现长上影阴线，伴随巨大的成交量。长上影线只是主力制造的一个假象，也就是我们通常说的多头陷阱，诱使跟风追涨的买盘，实为借机出货。一般情况下，长上影阴线预示股价将会进入调整，此时投资者应考虑及时出货。

3. 下影阴线

形态释义

如图 2-7 所示。下影阴线是带有下影线而无上影线，阴线实体较短的 K 线，一般预示股价趋涨。

图 2-7　下影阴线

实战操作要点

操作下影阴线应注意的事项：

一是处在高位的下影阴线，这种线俗称"阎王线"，高位下影阴线，是非常突出的见顶信号，该图线出现后，一般情况下股价至少要下跌 10% 以上，"阎王线"的最佳卖出时机是该图线出现后的时机，如果没有及时卖出，那么次日也要果断出货。

二是位于下降途中的下影阴线俗称"下山线"，这是一种比较难把握的形态。出现在离顶部不远的"下山线"较好辨认,不会出什么问题,最难辨认的是出现在离底部不远的"下山线",因为处在离底部不远的"下山线"已有相当大的跌幅,不少投资者,包括老手在内,容易把它当成"下浮底部线",并非减仓操作,结果是底下有底,这样抄底者就成了"套中人"。"下浮底部线"的最佳买入时机是收阳日,如果"F 浮底部线"出现后的第二天,仍收阴线,是不能买入的,一定要等到收阳线时,才能出手。

在实际操作中要把握以下要点及策略:下影阴线的图线处在不同的位置显示不同的信号,下影阴线处在低位,显示见底信号,称为"下浮底部线",明下档承接力较强,股价有反弹的可能。

第三节　十字星

1. 十字星简介

十字星也是 K 线的一种基本形态。十字星是收盘价以及开盘价在同一价位或者相近,没有实体或实体极其微小的特殊的 K 线形式,其虽有阴阳之分,但实战的含义差别不太大,远不如十字星本身所处的位置更为重要,比如当它出现在持续下跌末期的低价区时,我们称为"希望之星",因为这是见底回升的信号;而如果出现在持续上涨之后的高价区时,我们则称之为"黄昏之星",因为这是见顶转势的信号。

如图 2-8 所示,十字星,是一种只有上下影线,没有实体的 K 线图。十字星中,十字星的上影线越长,表示卖压越重;下影线越长,则表示买盘旺盛。如若十字星出现于股价的高位区或者低位区,可称为转机线,意味着股市将出现反转。

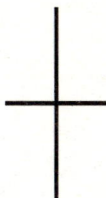

图 2-8　十字星

十字星的出现表明多空双方力量暂时为平衡状态，势均力敌。那么对于投资者来说，也就意味着市场暂时失去了方向，所以此时我们更要提高警惕，因为之后的趋势 K 线图随时可能改变。如若在股价上涨一段时间后，出现了十字星，则股价将会一路下跌；若股价下跌时与之相反；若下跌一段时间后出现十字星，股价可能止跌上涨。

需要说明的是，十字星具体出现在个股上时，情况虽大致相同，但因为个股更容易受到市场主力的操控，因此，在图形上可能表现出更为复杂的一面，并且不会体现出十字星所特有的犹豫特征。

一般来说，如果十字星在较为强势的股市中出现，那么预告投资者此时可以积极操作，做短线时可以逢低介入；而如果是在下降趋势明显的弱势股市里出现了一根十字星，则预告投资者要积极地逢高减筹。

2. 十字星种类

在实际操作中，十字星的种类有很多：希望十字星，又称早晨十字星；黄昏十字星；射击十字星等，下面列举几种常见的十字星进行分析。

（1）希望十字星

如图 2-9 所示。希望十字星一般出现在股市下跌途中，它由 3 根 K 线组成，第一根是阴线，第二根是十字线，第三根是阳线。第三根 K 线实体深入到第一根 K 线实体之内。希望十字星预示着股价见底信号，股市有望反转，后市看涨。

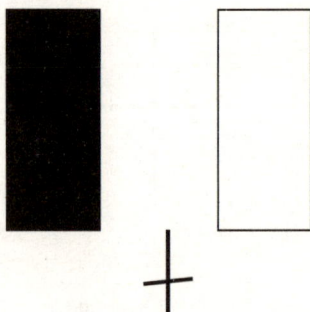

图 2-9　希望十字星

（2）黄昏十字星

如图 2-10 所示。黄昏十字星的形态与希望十字星的形态恰恰相反，它也是由三根 K 线组合形成。但第一条，是股价在上升途中，出现的一根具有较长实体的大阳线；第二条是第二天出现的一根向上跳空高开的十字星，且最低价高于头一天的最高价，所以会与第一天的阳线之间产生一个缺口。第三条，则是第三天拉出的一根具有较长实体的阴线，它在股价下跌时深入到第一根阳线的实体中，这三根 K 线形态就构成了典型的黄昏十字星 K 线组合。

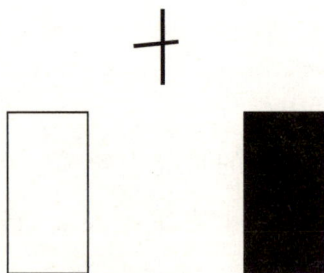

图 2-10　黄昏十字星

这种形态是比较强烈的趋势转弱信号，行情将随之进入震荡下行趋势中，投资者需要把握时机获利了结或止损出局。

（3）射击十字星

顾名思义，射击十字星的形状就像射击手在"射击"一样，它是

从收盘价价位拉出一根较长的上影线或下影线，如图 2-11 所示。射击十字星具体可分为：长上影线十字星和长下影线十字星。

图 2-11　射击十字星

一般情况下，如果射击十字星出现在股市的底部，那么此时就是股市中最佳的买点，如果出现在股市的顶部则是最佳的卖点。也就是说，当射击十字星出现在顶部时，投资者要注意及时获利了结；当射击十字星出现在低位时，投资者要考虑买进。

投资者可以针对实际情况积极地调整投资行为。在实际应用中，如果股价呈现持续下跌趋势并且下跌时间较长的话，那么此时如果出现射击十字星的形态，则预示底部比较安全；股价若呈上升之势时出现了射击十字星，此时投资者要进行持股等待。若股价持续涨高到顶部时出现射击十字星，预示股价会下降，此时投资者应及时出货。

（4）长十字星

如图 2-12 所示。长十字星具有较长的上、下影线，从外表来看，长十字星似乎与普通十字星极为相似，都是上、下影线几乎相等，也都是多空双方表现出势均力敌。但是长十字星的巨大振幅显示出市场格局将发生新的变化，市场趋势将得以改变，特别是在高价位或低价

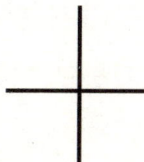

图 2-12　长十字星

位时出现长十字星，则意味着反转随时有可能出现。

（5）"T字星"

如图 2-13 所示："T"字星可以分为"⊤"字星和"⊥"字星，"⊤"和"⊥"只是用来形容十字星只带上影线或下影线。"⊤"字星表示全天的开盘价、收盘价与最高价处于相同的一个价位，而最低价小于这三个价位。"⊤"字星下影线较长，表明个股现价的下档有一定支撑力度，股价下方有十分活跃的低位承接盘。一般情况下，这种形态如果出现在股市盘整趋势中，则预示第二天股市会依旧持续盘整状态；但若是出现在大幅持续上升或下跌的末期，是股价升跌转换的信号，但如果"⊤"字星出现在已经有一定上涨幅度的位置时，也不排除有形成头部的可能。

图 2-13　　"T"字星

"⊥"字星则与"⊤"字星完全相反，"⊥"字星是开盘价、收盘价与最低价处于相等的价位，最高价大于这三个价位。倒 T 形光脚十字星的市场意义与长上影十字星差不多，若是出现在持续上涨之后的高价区，就是见顶回落的信号。

（6）连续十字星

连续十字星是指大盘或个股出现连续两次以上的十字星走势，随着连星的次数多少和排列状况的不同可以分为很多种，但通常较有实际意义的是二连星和三连星。

如图 2-14 所示，连续十字星是十字星 K 线的一种特殊形式，也

是一个更加强烈的警示性变盘信号。十字星本身就说明多空双方力量势均力敌，达到均衡。那么，连续十字星则意味着多空双方已经僵持了很久的时间，绷紧的弦就要断裂。预示均衡即将被打破，迅猛的变盘就在眼前。

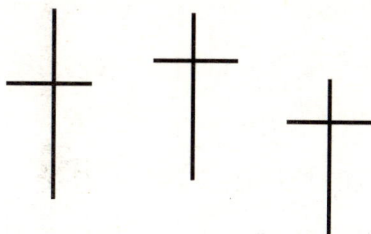

图 2-14　连续十字星

这种连续十字星如果出现在股价上升途中，且之前出现了中大阳线持续上升的 K 线，则这些十字星只是预示股价在上涨途中的短暂整理，第二天如果股价持续上扬，并且成交量明显提高的话，那么此时的形态就预示着股价上升趋势，这之后的股市也一定再出现股价持续快速上攻的趋势。

这种 K 线组合中类十字星数量多少不定，少则一颗，多则三四颗，不过无论星线多少，只要再次放量上攻，即会加速上扬，故投资者一般应在放量时及时介入，坐享顺水推舟之乐。具体操作中，要同时认真观察个股基本面和消息面，以提防某些主力和机构借此形态骗线出货。

在实际应用中，为了更准确地操作，我们还可以将上涨中出现的"十字星"分为三类，分别为：上涨初期跳空的"十字星"、上涨中期出现的"十字星"以及上涨末期出现的"十字星"。

有时，一只个股的箱体在震荡时，会经常性地出现"十字星"，这种"十字星"的意义就不大，只是主力资金在震荡洗盘而已，不过通过洗盘后，如能放量拉升，可以积极参与。下面我们主要就前三种

"十字星"来详细讨论。

（1）上涨初期跳空"十字星"

前期股票长期在底部持续盘整，若突然间有一天跳空高开，小幅收高，后又遇到大盘大跌，但最后还是收了一个有跳空缺口的"十字星"，其意义非常重要。首先，个股长期持续盘整，说明有资金在进行洗盘吸筹。股价跳空向上说明股市有向上拉升的趋势，但是不巧的是，遇到大盘大跌下降，此时只好收一"十字星"。这种跳空"十字星"，又叫启明星。虽然跳空的缺口还没有及时补上，但它已经表明了主力做多的决心，如果之后还会持续几天的盘整，那么股票价格就会回升上涨。这种情况下投资者可以在股市后期低谷时积极买进，这样一来可以判断跳空缺口是否有回补的可能性，二来还可以预测股票后期是否会有放量上涨的运行趋势。

（2）上涨中期"十字星"

如果个股在正常的上涨趋势中，出现一日拉出一根光头阳线的情况，那么它也是值得被投资者一致看好的形态。不过如果股价次日出现平开，而且只是小范围上下震荡的话，是不会出现强烈的上涨趋势的。有些投资者会过分担心股价出现回落而选择逢短期高点即卖出的做法，所以当第三天股市又收出一根长阳线这样上涨趋势明显的形态之后，那些卖出的投资者往往大感后悔。所以，我们要特别注意，一般处在上涨中期的个股中，如果第一天拉出阳线，第二天涨幅不大，但收"十字星"的话，我们大可不必担心，因为这其实是主力在进行震荡洗盘而故意做出上涨无力的形态罢了，这其中缩量收"十字星"是关键。

（3）上涨末期"十字星"

一只个股在上涨末期后，收一"十字星"，一般有见顶嫌疑。通常个股在经过长期大幅上涨后，此时股市中参与了较多的资金，股市已经获利丰厚。收"十字星"就代表涨不动，涨不动，就意味着下跌的开始。所以不要小看"十字星"的风险。

第四节　一字线

形态释义

如图 2-15 所示，一字线就是指开盘价、收盘价、最高价及最低价粘连在一起呈"一"字状，也就是我们平时说的以涨停板或跌停板开盘。一字线表示股市当天基本都在以涨停板或跌停板的股票价格进行交易，且此种情况会一直持续到股市收盘，一般情况下，此种形态既可能出现在涨势中，也可能出现在跌势行情中。

图 2-15　一字线示意图

实战操作要点

一般情况下，股价在上涨趋势中出现一字线，是买进信号；若在下跌趋势中出现，则是卖出信号。在未实行涨跌停板制度前，一字线被视为市场交投极为清淡的标志，而在目前我国实行涨跌停板的制度下，一字线反而成为投资者关注的焦点。

在涨势中，尤其是股价上涨初期出现的一字线，往往反映该股有重大利好被一些先知先觉者察觉并捷足先登，因此，在涨升初期出现一字线，投资者应采取积极做多策略，如一字线的当日没买进，第二天可继续追进。通常在涨势中出现一字线后，股价继续上涨的可能性很大，但要注意的是，如若该股一连出现几个一字线，从规避短期风险出发，则不宜继续追涨。

在跌势中，尤其是股价下跌初期出现的一字线，往往反映该股有重大利空或是股价炒过了头，庄家率先出逃所致。因此，在下跌初期出现一字线，投资者应果断平仓出局，如一字线的当日没卖出，第二天应继续卖出。通常在跌势中出现一字线后，股价继续下跌的可能性很大，但要注意的是，如若该股已一连出现几个一字线，就不宜再继续杀跌，可等股价反弹时再出货。

第五节　锤头线

1. 锤头线

形态释义

锤头线又名单针探底，指下跌趋势中出现阳线或阴线实体很小，下影线大于或等于实体的两倍，看起来像一把锤子的 K 线。如图 2-16 所示，锤头线一般无上影线，少数会略有一点上影线。锤头线下影线较长，而实体较小，并且在其全天价格区间里，实体处于接近顶端的位置上，并且出现在下降趋势中 K 线。它是下降趋势即将结束的信号。

图 2-16　锤头线示意图

一般情况下，锤头线处在下降趋势中，锤头线的小实体最高价及收盘价均在烛体顶部，当然，股票在最高价位下不远的地方开盘，对于锤头线来说，其长长的下影线远比实体部分重要得多。一般而言，锤头线没有上影线，如果有的话也非常短，一般认为下影线应是实体的 2~4 倍。

实战操作要点

通常锤头线的下影线较实体越长，就越具有参考价值。如锤头与早晨之星同时出现，见底信号就更加可靠。通常，在下跌过程中，尤其是在股价大幅下跌后出现锤头线，股价转跌为升的可能性较大。

这里要注意的是，锤头实体越小，下影线越长，其止跌作用就会越明显；股价下跌时间越长，幅度越大，锤头线见底信号就越明确；锤头线有阳线锤头与阴线锤头之分，作用意义相同，但一般来说，阳线锤头力度要大于阴线锤头。

2. 倒锤头线

形态释义

倒锤头线指出现在下跌途中，阳线或阴线实体很小，上影线大于或等于实体的两倍，看起来像一把倒置的锤子的 K 线。倒锤头线一般无下影线，少数会略有一点下影线，如图 2-17 所示。

图 2-17 倒锤头线示意图

倒锤头线和锤头线具有相反的形态特征，它的下影线很长，实体部分很短。一般情况下，锤头线的重点部分是实体的上影线，而在倒锤头线形态中，锤头线的下影线与实体部分则具有同等重要的意义。T字线由于没有实体部分，所以其实战和预示意义比倒锤头线要稍差。这一点很好理解，我们可以想象一下，当倒锤头线的实体部分全部消失时，其实也就相当于变成了 T 字线形态，从这个角度来分析，T 字线与倒锤头线的形态存在相似特点，它们是相通的。

倒锤头线一般出现在下跌趋势中，而且其止跌信号强于阴倒锤头线，在实际操作中，股价下跌幅度越大，锤头线信号越可靠。锤头线出现需要后面的 K 线验证，若倒锤头线出现后，股价重心出现向下，并且快速跌破锤头线的最低价，则倒锤头线不成立，实际上是下跌趋势中的中继信号。

实战操作要点

在实际操作中，当股市中出现倒锤头线后，可以根据自己的实际情况，试探性地买进做多，如为保险起见也可以先观察几天，等到股价能温和上升并持续放量后，再积极跟进做多。

第六节　T 字线

形态释义

T 字线又称为蜻蜓线。因其形状像英文字母 T，故称为 T 字线。如图 2-18 所示，它的开盘价、最高价和收盘价相同，K 线上只留下影线，即便有上影线也会很短。T 字线信号强弱与其下影线成正比，下影线越长，则信号越强。另外，由于 T 字线所处的位置不同，所以各自的技术含义也不相同。

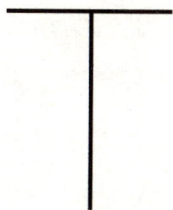

图 2-18　T 字线示意图

实际操作要点

T 字线出现在股价有较大涨幅之后，此时 T 字线在技术上显示的是一种见顶信号。T 字线出现在股价有较大跌幅之后，此时 T 字线在技术上显示的是一种见底信号。T 字线出现在股价上涨过程中，此时 T 字线在技术上显示的是一种继续上涨的信号。T 字线出现在股价下跌过程中，此时 T 字线在技术上显示的是一种继续下跌信号。

当然，由于 T 字线所处位置不同，其技术含义也有所不同。

（1）上涨趋势后期出现的 T 字线

如果股市前期股价就出现了大范围的持续上扬，而后又出现了 T 字线形态，那么这种情况即预示股价见顶，会发生回落。股价前期有了很大的涨幅之后，在高位出现了 T 字线，由于 T 字线是一种庄家线，所以它完全是由庄家控盘造成。在高位拉出的 T 字线，就是庄家为了掩护高位出货释放的一枚"烟幕弹"，使散户觉得这种先抑后扬的 T 字走势是股价拉升过程中的一种洗盘行为，这会使一些激进的短线客进场做多。股市高位区出现 T 字线，本身就是预示转势信号，它表明股价将会由原来的持续上升行情转为下跌行情，因此投资者在看到此技术形态出现在股价大幅上涨后期时就应及时离场做空。

（2）下跌趋势后期出现的 T 字线

当 T 字线出现在股价有较大跌幅之后，则是一种见底信号，表明股价将见底回升。股价连续下跌，显然是主力在盘中进行打压，而之后出现的 T 字线，则又将股价重新拉回到了当天的开盘位置，这种操作手法反映了主力在盘中制造恐慌情绪以便于低位吸取更多的廉价筹码，但此时主力并无意做空，因此为了照顾投资者的情绪，又将股价回拉上涨，也就在盘面上形成了 T 字线止跌形态。T 字线能不能成为见底信号，还要看之后股价所运行的趋势如何。如果在 T 字线出现之后股价重心开始向上移动，成交量也呈放大状态，而且后期出现调整但股价却不创 T 字的最低点，那么此 T 字线便成为见底信号。

第三章　多根 K 线的实图解析

第一节　乌云压顶与雨过天晴

1. 乌云压顶

形态释义

乌云压顶是一种股市见顶发生反转的转向形态，它由一阳、一阴组成，首先是强劲的阳线，第二根 K 线的开盘价比上日的最高价要高，当日收盘价深入前日阳线的实体，是股票价格当日波动的低点。在实际操作实战中，第二根阴线需低于第一根阳线实体的一半以上，才有足够力量促使转势，否则最好等候趋势进一步发展。

乌云压顶预示着股市的看跌反转趋势，经常发生在一个超长期的上升趋势中。第二天，股票成交量剧增，且当天股票的开盘价高于前日，此时投资者往往积极买进，追随行情，但随后，市场却发生了抛售的情况，那么，很可能用不了多久，这群新多头就会认识到，市场已转为空头行情，他们已被挂在相对高点站岗。第二日的长阴 K 线，意味着市场价格上升动力耗尽，买方策划的最后一番上攻失利，卖方已控制大局。

案例分析

如图 3-1 所示，钱江生化（600796）在经历一段时期跌涨起伏后，于 2014 年 7 月 14 拉出一根坚挺的阳线，而 15 日则收出一根长长的阴线，且阴线的开盘价高于阳线的最高价，收在当日的最低价或者接近最低价。可以说钱江生化（600796）在上涨的重要的时间窗口之际出现了乌云压顶形态。

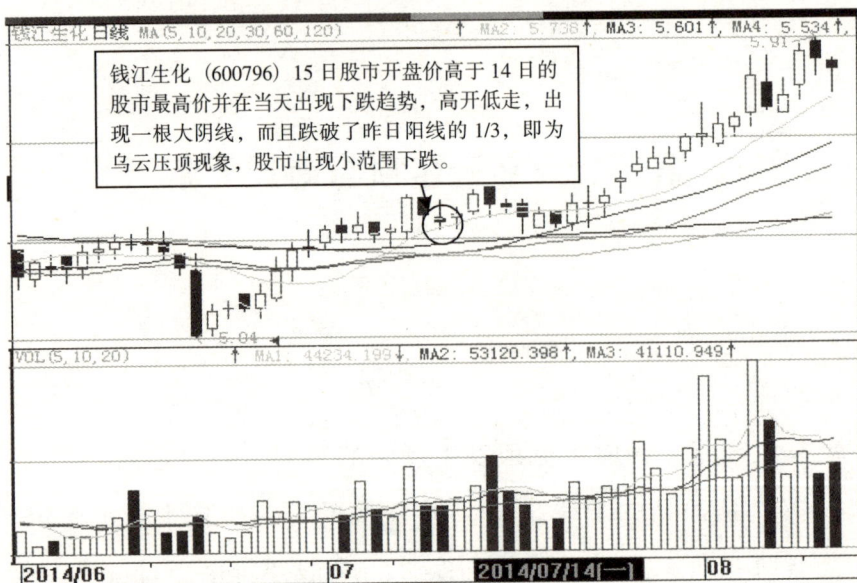

> 钱江生化（600796）15 日股市开盘价高于 14 日的股市最高价并在当天出现下跌趋势，高开低走，出现一根大阴线，而且跌破了昨日阳线的 1/3，即为乌云压顶现象，股市出现小范围下跌。

图 3-1　钱江生化（600796）

乌云压顶线属于较可靠的转势信号，由图 3-1 可看出，股票在 15 日即乌云压顶出现后随即出现小范围的下跌趋势。

在实际的操作中要特别注意，乌云压顶 K 线形态中第二根阴线的收盘价越低，即阴线深入阳线实体部分越长，其预示的股市见顶回落的可能性就越大；另外，在乌云压顶中，第二根阴线在开盘初期趋势大大超越前期股票高点，之后很快又发生下跌回落之势，也就大大增加了股价见顶转势的概率；第二根阴线开盘时初段的成交量越大，表示中了多头陷阱埋伏的投资者越多，转势的可能性也越大。

2. 曙光初现

形态释义

曙光初现正好与乌云压顶相反，它预示着股价可能见底回升。

所谓的曙光初现，是指股价经过一段时间的下跌之后，空方的量能已经得到了比较充分的释放，而此时股价也已经没有下跌的空间，预示股市即将出现十分激烈的反转信号，某两个交易日里，前一个交易日里收出了中阴线或者大阴线，后一个交易日收出一根截然相反的中阳线或者大阳线来，预示着空方统治的黑暗日子即将成为过去，早晨的阳光已经洒满大地，后市股价走势将会一片光明。

曙光初现是由阴阳两种不同颜色组成，通常在下跌市况后出现意味着股市由淡转好。第一根为处于跌势的线，显示当日股盘十分强劲。第二根为处于派势的线，而且其开盘价必须低于前日的最低价，收盘价则必须高于阳线实体的 1/2。

一般而言，在曙光初现 K 线出现的前期股价是处于一直下跌的态势，并且昨日报收阴线，今日低开高走收阳线，曙光初现的今日，阳线收盘价一般都能深入昨日阴线实体部分的 1/2 位之上，伴随有较大的成交量。

案例分析

如图 3-2 所示，浙能电力（600023）自 2014 年 7 月 16 日以后出现了小范围的下跌趋势，直到 21 日股价低至近几天来的最低值，21日出现一根强劲的阴线，随即 22 日则出现一根阳线，大盘在低位出现曙光初现，一旦盘面出现这样的组合形态，就预示着前面整个下跌的趋势可能戛然而止，股价可能从此止跌，见底回升。由此图可见浙能电力（600023）自 22 日后股价开始回升，出现了小范围的上涨趋势。

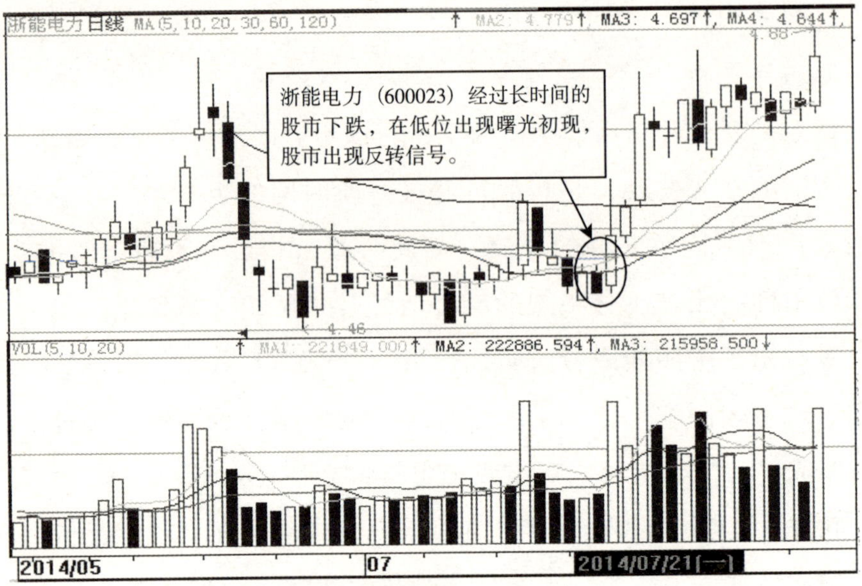

图 3-2　浙能电力（600023）

在实际操作中，要明确把握低位曙光初现是见底信号，阳线越过阴线实体中线越多，预示的信号就越强烈，即使是这样，为了慎重起见，投资者一般不会马上进场，而是通过观察第二天的放量情况，投资者应在 K 线图中能确定收出阳线时再积极买进，否则要继续等待，直到看到量增收阳时，再进行进场。

此外，投资者在运用曙光初现组合形态进行技术分析的时候，一定要注意学会分辨这种组合形态的真假，正确地把握它的可靠性。

首先，当盘面上出现曙光初现组合形态的时候，要注意它所出现的位置关系：如果股价下跌的幅度并不大，或者下跌的时间不长，那表明空方并没有完全释放其动能，此时，即使出现了和曙光初现组合形态相似的图形，也应当怀疑它的真实性，千万不可盲目相信，轻举妄动。

其次，要观察成交量。曙光初现的组合形态在盘面上出现的时候，会伴随有巨大的成交量，此时才是比较可靠的底部反转信号。相反地，

如果盘面上出现曙光初现组合形态的时候，成交量不但没有相应放大，反倒有所萎缩，此时投资者要提高警惕，这样的态势通常表明，此时并不一定是股价见底的信号，股价还有可能会进一步下跌。俗话说：多头不死，跌势不止，说的就是此前无论哪种形态都有可能是主力为了迷惑散户制造的陷阱，因此要提高警惕，在确定下跌见底后再做出回应。

最后，投资者还应当特别注意盘面上出现曙光初现组合形态时第二根 K 线的向下跳空情形。如果第二根 K 线以跳空低开的方式出现，随后盘面上出现强劲有力的震荡回升，震荡幅度大，反弹力度强劲，在填补了前边的跳空缺口之后，还不断地穿越上行，一直逼破前一日的收盘价，深入阴线的实体部分，说明此时多方的反击力度已经十分强劲，就连那些在市场做空的投资者都不愿继续再抛售筹码了，甚至还会开始纷纷调转枪头，加入到多方的阵营中去。

第二节　共顶线与共底线

1. 共顶线

不少投资者都有过这样的经历，买过某只股票后，前期投入是获利的，但是随着股市行情的发展，不少人为获得更大利润不愿抛售股票，到最后却不得不将利润回吐，变成亏损。那么大家舍不得卖的原因是什么呢？除了"贪心"之外，我想最根本的原因，还是投资者没有仔细观察 K 线走势不识顶，从而耽误了卖出时机。

一般情况下，如果股价阶段性的涨升目标已经基本完成，而且又大幅远离均线，此时若再出现 K 线短线见顶组合，那么则预示股价即将调整的反转信号就越强烈。股价 K 线中有很多经典的共顶 K 线形态，预示不同的股市信息。下面介绍三种经典的股价短线共顶走势。

（1）长上影共顶。

形态释义

长上影共顶是指股价在相对高位出现长上影 K 线，第二天股价持续走低，此时的成交量同比异常放大。股价远离均线出现带量长上影线，如第二天继续低走，则股价就出现了短线见顶。股价经过一段时间上涨后，在相对高位出现长上影 K 线图，表明上档压力较大，抛盘沉重，股价难以在高位站稳，被迫下行，于是留下一条长长的上影线，此时会伴随较高的成交量，说明主力在进行最后的出货。

通常在实际操作中，投资者最好选择在形态出现的当天即卖出，如果想持股等待的话，也最好能在第二天股价低开冲高乏力时及时卖出。

案例分析

如图 3-3 所示，益佰制药（600594）在经过一段时间的股价持续上扬以后，于 2014 年 7 月 8 日拉出一根具有长上下影线的阳线，并伴随巨大的成交量，此时表明空方势力有所下降，于 9 日出现具有长下影线的阴线，8 日阳线与 9 日阴线出现长上影共顶形态，由此图可见，随后股市出现明显的下降趋势。

（2）阴包阳共顶。

形态释义

阴包阳共顶是指股价在相对高位长实体阴线完全包含前一天阳线的 K 线图，阴包阳共顶出现后第二天股价会持续走低，且成交量会大大增加。而且一般情况下，一旦股价远离均线出现阴包阳共顶走势，则股价极有可能短线见顶。

阴包阳共顶形成的原因是前期股价经过大幅上涨后，某日出现一

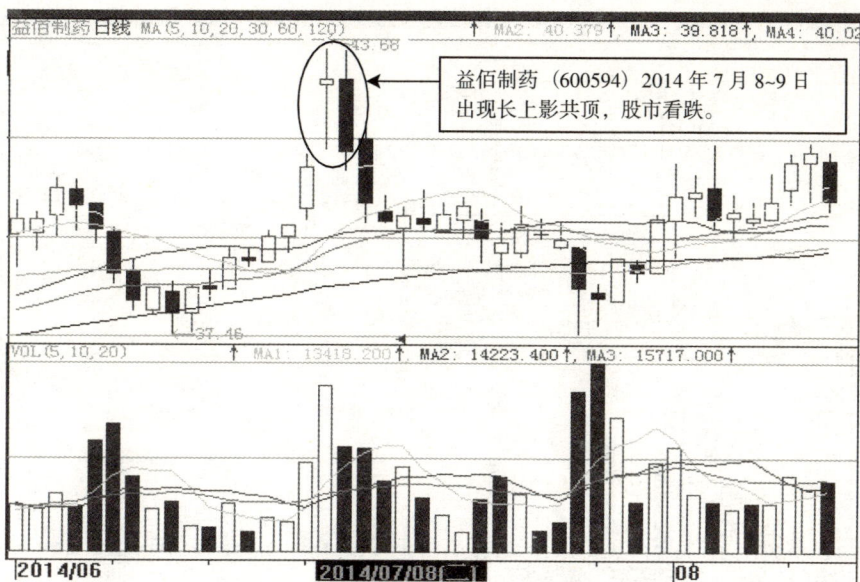

图 3-3 益佰制药（600594）

根实体大阴线，将前日的大阳线完全包含，并配合有成交量的异常放大，说明股价超买严重，有人大量出货，短线还将被继续打压下跌。由此可见，投资者应在出现阴包阳当天，先短线出局。

案例分析

如图 3-4 所示，香梨股份（600506）在经过一段时期的股市持续上扬之后，于 6 月 17 日收出一根具有长上下影线的阳线，阳线实体明显减小，空方力量有所减弱，之后 17 日又收出一根下影阴线，且阴线实体完全吞没阳线实体，形成阴包阳共顶形态。由此图可见，自 17 日后股市出现明显的下跌趋势。

（3）黄昏星共顶。

形态释义

黄昏星共顶是指股价在相对高位出现小阴小阳十字星，之后第二天股价大幅收阴，同时成交量也大大增加。一般情况下，股价在相对高位出现黄昏星共顶走势，短线见顶可能性较大。

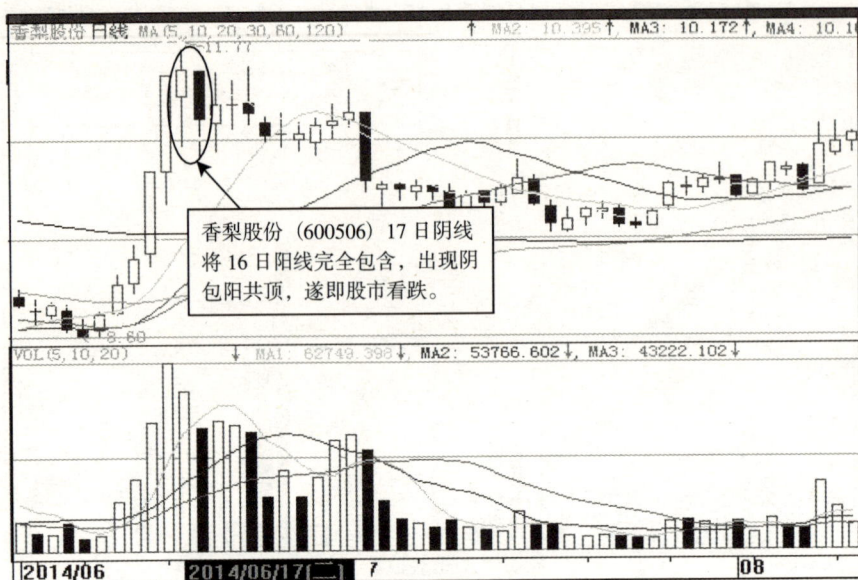

香梨股份（600506）17 日阴线将 16 日阳线完全包含，出现阴包阳共顶，遂即股市看跌。

图 3-4　香梨股份（**600506**）

黄昏星共顶出现之前，股价呈上涨趋势，之后在相对高位出现十字星，此时多空双方势均力敌，成交量放大说明做多做空力量均使出了最大力气在搏杀，但当天未分出胜负。在经过整理后，多空双方在对股价后市走势的判断开始有利于空方。在空方乘胜追击和上一交易日多翻空的帮助下，空方彻底占据上风，股价大幅下跌，股价因此短线见顶。

一般情况下，在黄昏星共顶出现后，如果第二天股价持续下跌，投资者首先应该先短线出局。所以当股票在高位出现阴阳十字星的时候一定要注意，即使不见顶也是见顶的前兆，很多长上影见顶之前都是以阴阳不定十字星的方式出现的。黄昏星见顶的一个特点是股价以黄昏星为中轴，前一天上涨，后一天下跌，并且跌幅具有基本对称性。

案例分析

如图 3-5 所示，华贸物流（603128）在经过一段时间的底盘整理后，股价开始回升。2014 年 6 月 10 日，在价格上升一段时间之后，拉出一根小阳线，随即出现一个小阴星，之后拉出一根大阴线，成交量达到近日最高值，出现黄昏星共顶，由图 3–5 可见，后期股市看跌。

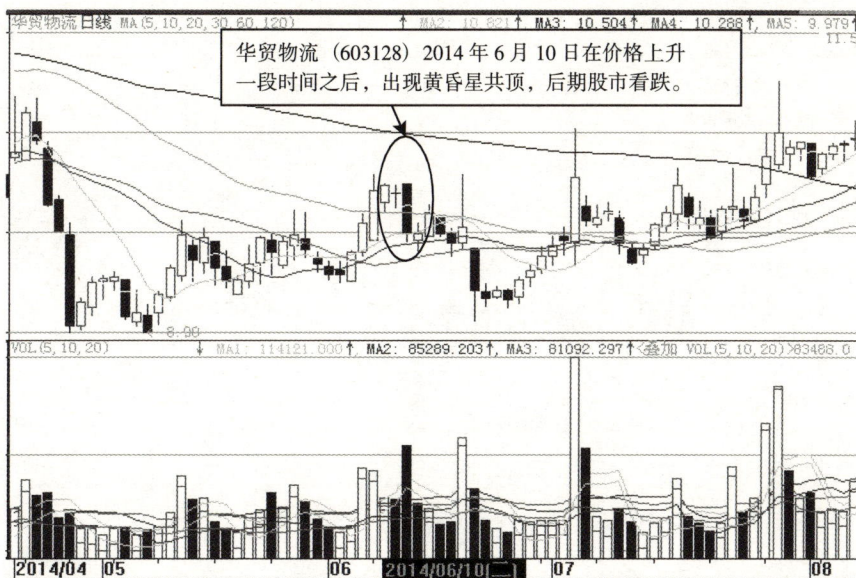

图 3–5　华贸物流（603128）

2. 共底线

共底线是与共顶线完全相反的一种形态。当股价经过了一段持续的下跌趋势后，如果已经大幅远离均线，同时有出现了 K 线短线见底的组合，那么就预示着未来股价将会见底反转。在 K 线图中，有很多经典的共底线组合形态。这些形态可以为我们提供不同的市场信息。下边，我们依次来看三种经典的共底线组合。

（1）长下影共底。

形态释义

长下影共底是指在股价下跌后的低位形成了带有长下影线的 K 线，随后一日股价又持续上涨，并且在上涨的同时成交量同步放大。这种出现在均线下方远离均线的共底线是看涨信号。预示着行情下跌后获得了很强的买盘支撑力量，股价已经触底，未来有见底反弹的趋势，于是才会在市场上留下一条带有长下影线的 K 线。

通常在实际操作中，投资者最好选择在形态出现的当天即买入股票，这样可以最大限度地获得未来行情上涨的收益。

案例分析

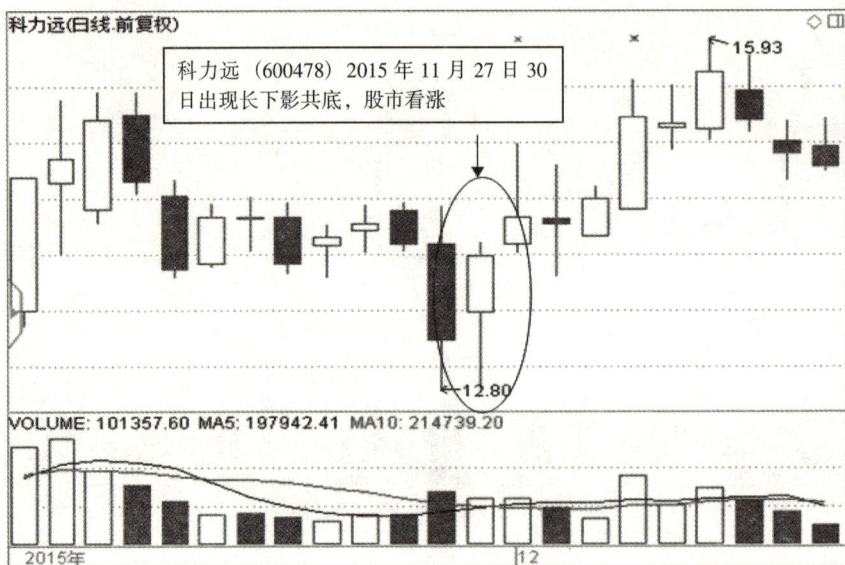

> 科力远（600478）2015 年 11 月 27 日 30 日出现长下影共底，股市看涨

15.93

←12.80

VOLUME: 101357.60 MA5: 197942.41 MA10: 214739.20

2015年   12

图 3-6　科力远（600478）

如图 3-6 所示，科力远（600478）在经过一段时间的下跌行情后，与 2015 年 11 月 27 日形成一根具有长下影线的阴线。随后一日，股价持续上涨，并伴随着成交量的稳步放大。这两日的 K 线组成了长下影共底形态。从图中可以看到，随后该股股价持续上涨。

（2）阳包阴共底。

形态释义

阳包阴共底是指在股价持续下跌后的底部，一根长实体阳线完全包含前一天阴线的 K 线组合。阳包阴共底出现后的第二天，如果行情持续上涨并且成交量放大，就形成了看涨信号。这时因为下跌后形成的大阳线，不仅放量，而且将前日阴线包含，说明行情获得了强势向上拉升的力量。当我们在走势图中看到这样的形态时，可以积极买入股票，追求未来行情上涨的收益。

案例分析

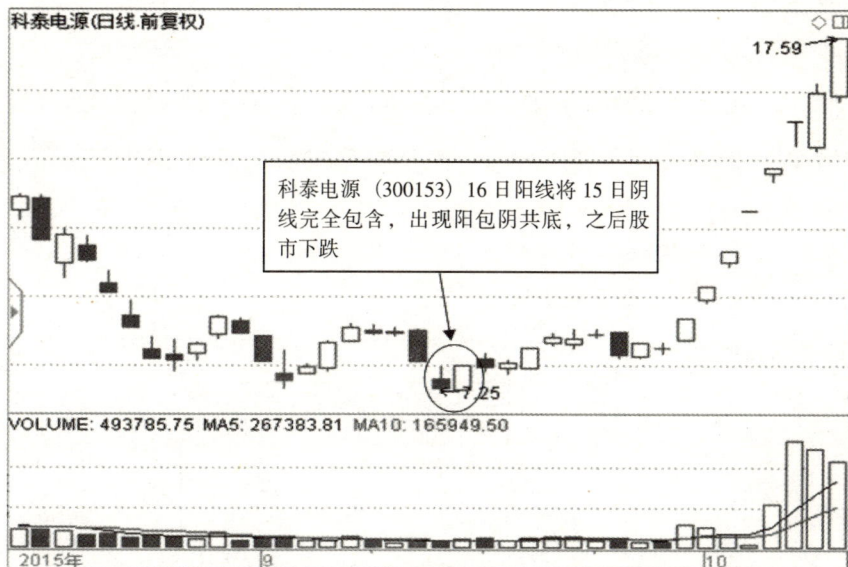

图 3-7 科泰电源（300153）

如图 3-7 所示，科泰电源（300153）在经过一段持续下跌趋势后，于 2015 年 9 月 15 日收出一根小阴线。随后一日股价形成长阳线，将这根小阴线完全包含。这两日的 K 线组成阳包阴形态。从图中可以看到，随后该股进入持续的上涨趋势中。

（3）启明星共底。

形态释义

启明星共底是指股价在底部连续三根 K 线中，前两根分别是小阴线和十字线，最后一根是大阳线，同时成交量也大大增加。这样的形态出现在底部，是行情即将获得支撑上涨的信号。这个信号的一个重要特点是行情以三根 K 线中间的十字线为转折，前一日下跌，后一日上涨。

启明星共底出现之前，股价处于持续的下跌趋势中。随后在底部，启明星中第二根 K 线是十字线，说明市场上的多空双方已经势均力敌。股价没有在空方力量的打压下持续下跌。最后一日的放量大阳线则说明行情开始被强势向上拉升，之前的下跌趋势已经发生了反转。股价未来即将进入持续的上涨趋势中。

很多时候，在低位的启明星共底的第三根阳线位置，我们已经可以积极买入股票，建立仓位。如果形态完成后股价继续上涨，我们则可以进一步加仓买入股票，完成建仓。

案例分析

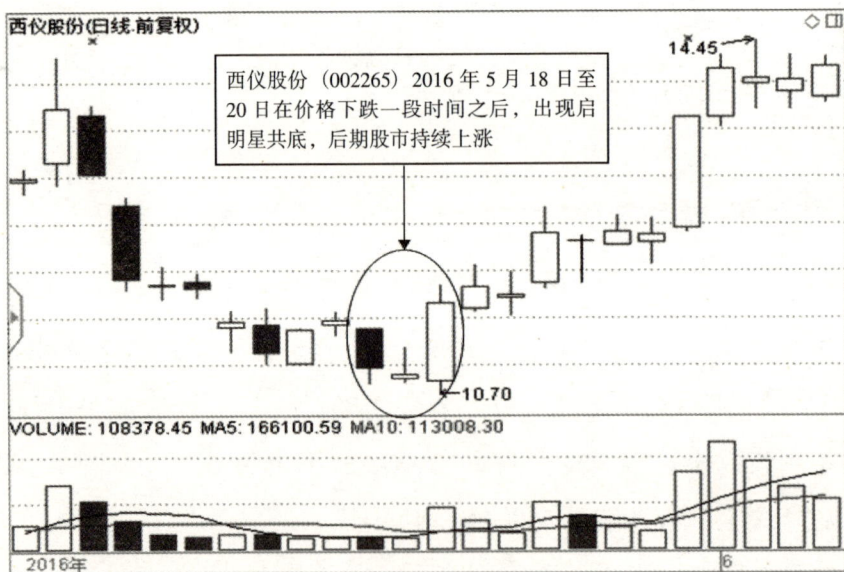

西仪股份（002265）2016 年 5 月 18 日至 20 日在价格下跌一段时间之后，出现启明星共底，后期股市持续上涨

图 3-8　西仪股份（002265）

如图 3-8 所示，西仪股份（002265）在经过一段时间的持续下跌后，于 2016 年 5 月 18 日至 20 日，在底部区域先是形成了阴线和十字线，最后又形成大阳线，组成了启明星共底线。这是未来行情会持续上涨的信号。

第三节　吞没线与孕育线

1. 吞没线

形态释义

吞没线是由两根 K 线组合而成，并且吞没线形态必须由两根不同颜色的 K 线组成，而且要满足市场前期有清晰的上升或下降走势，且第二根 K 线的实体必须完全吞没第一根 K 线的实体，但不一定要吞没第一根 K 线的上下影线。

吞没线分为看涨吞没线和看跌吞没线两种。吞没线对于趋势反转的判断具有至关重要的参考意义：一般情况下，在股市的上涨趋势中碰到的看跌吞没线，预示股市即将要出现反转趋势，股价会出现回落下跌之势。这里需要我们特别注意的是，吞没线形态主要用于判断股市趋势的反转运行，因此看涨吞没线只出现在下跌趋势中才有预示的意义，而看跌趋势线也只出现在上升趋势中才有存在的意义。

在实际操作中，当吞没线形态所预示的反转信号很强时，它都会出现以下的形态特征：在吞没线中，前者 K 线实体非常小，后者 K 线实体非常大；股市前期经历过超长期的上涨或者下跌趋势；在吞没线中，第二根 K 线伴有超大量的成交量；在吞没线中，第二根 K 线的实体向前吞没多个不同颜色实体；在吞没线中，第二根 K 线的实体吞没了第一根 K 线的上影线。

案例分析

如图 3-9 所示，保锐科技（600794）为看跌吞没线。在经过一段时间的小范围上涨后，该股于 4 日收出阴线，并将 3 日的阳线全部吞没，形成看跌吞没线。由此图可见，此线出现前股市上涨，此线出现后股市随即出现下跌趋势。

如图 3-10 所示，宁波海运（600798）经过一段时间的低价动荡之

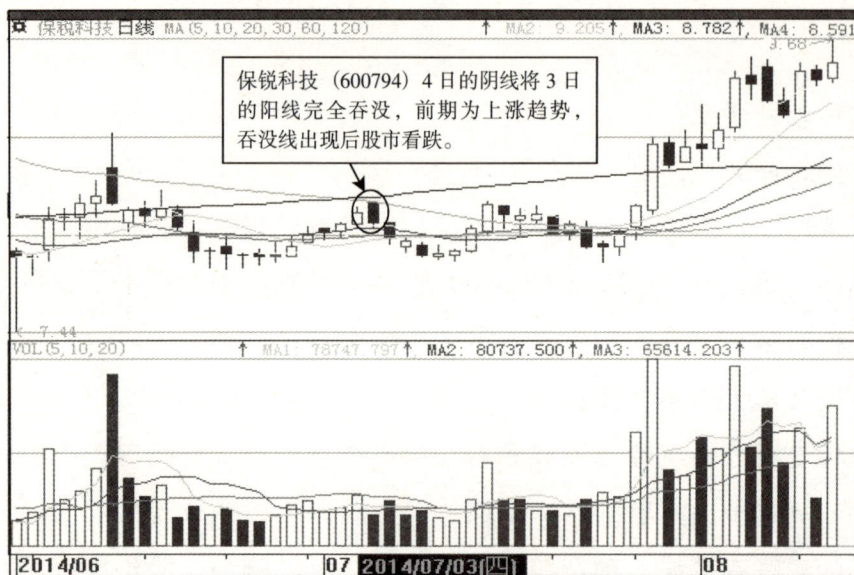

保锐科技（600794）4 日的阴线将 3 日的阳线完全吞没，前期为上涨趋势，吞没线出现后股市看跌。

图 3-9　保锐科技（600794）

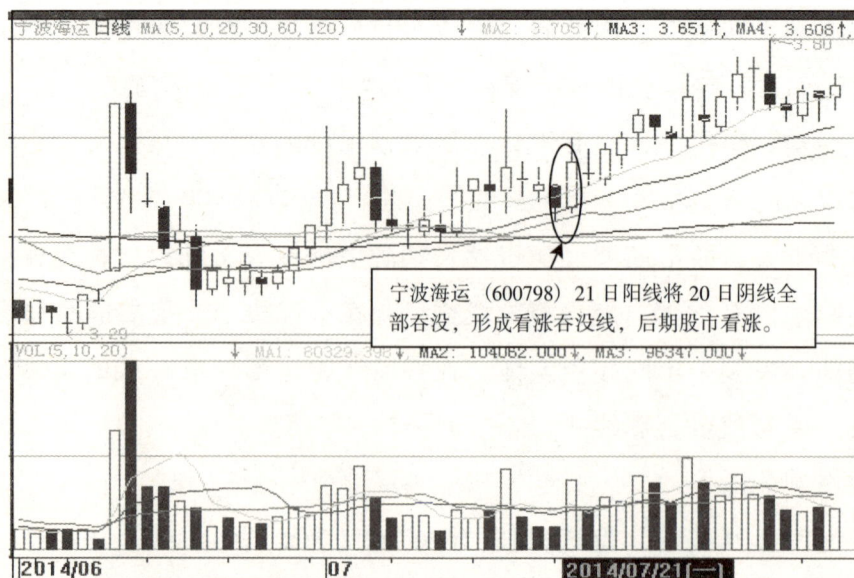

宁波海运（600798）21 日阳线将 20 日阴线全部吞没，形成看涨吞没线，后期股市看涨。

图 3-10　宁波海运（600798）

后，股市在 21 日出现的阳线十分强劲，将 20 日阴线完全吞没，形成看涨吞没线，由此图可以看出，股市出现明显的上涨趋势。

2. 孕育线

形态释义

"孕"顾名思义就是怀孕的意思，孕育线外观就像女人怀孕时的模样，它寓意股价将诞生一个新生命、新趋势。

孕育线通常由一根阳线或阴线，搭配一根十字星所构成，其左方的阳线或阴线实体较为强劲，一般不会有上下影线，即使有也只能是较短的影线，否则，不能称之为孕育线。一般情况下，上升趋势与下跌趋势中的孕育线，不仅形态不同，而且其所发出的信号也有所不同。上升趋势中所出现的孕育线，其左方的 K 线通常是阳线；下跌趋势中所出现的 K 线，其左方的 K 线通常是阴线，这虽然不是硬性规定，但是，以上述现象的信号较为可靠。

孕育线的突出特点就是：后一根 K 线的最高价与最低价，均未超过前一根 K 线的最高价与最低价。前者完全将后者包含在内，就好像是长 K 线腹中的胎儿。该形态的出现，一般预示着市场上升或下跌的力量已趋衰竭，随之而来的很可能就是股价的转势。

此外，在实际操作中要注意分析孕育形态出现时成交量的变化。若股市持续放量，而后又发生大范围的缩量，那么即表明市场趋势可能会发生较大改变。孕育线形态所暗示的反转信号相对于前面我们所讲的"锤头线"等要弱一些，所以在该股形态出现后，投资者要有一个确认的过程。熊市孕育形态出现后，要对股价位置、成交量水平以及重心变动情况，进行综合评判，以判断该 K 线组合的性质是顶部还是洗盘。

下面讲解几种常见的孕育形态。

（1）阳孕阴

形态释义

阳孕阴形态的孕育线是指股市在上涨一段时间后，先出现一根大阳线，多方强势，紧跟阳线其后出现一根短阴线。阳线完全将阴线吞没，是之前上涨行情结束的信号。价格在连续上涨后收出一根实体较长的大阳线，随后遭到空头的反击，市场低开收阴，且阴线完全包含于前者阳线内，其开盘与收盘价都未能突破阳线的高低点，这表明市场上涨力道不够，可能会出现向下回档。若第三天再拉出具有较长上影线的阴 K 线，那么股价回落的可能性就会增强。这种 K 线图形看起来，就像秋风乍起时一片枯叶随风飘落，虽然仍是艳阳高照，却已让人有秋意逼人之感，正是"渐觉一叶惊秋，残蝉噪晚、素商时序"，故称"一叶惊秋谱"。

案例分析

如图 3-11 所示，西部资源（600139）该股在行情上涨一段时间后，在 2014 年 7 月 3 日出现一根大阳线，其后 7 月 4 日则为短阴线。大阳线完全将短阴线包含在内，此线为阳阴孕育线，此线相当于阳线的实体在减小。阳孕阴表示空头力度开始加大，此时阴线实体越大，卖方越气盛。一般而言，此种情况下股价会出现小范围内的下跌趋势，如图 3-11 所示。此时投资者可以在 3 日先卖出一部分股票。由 K 线图可以看出当日的成交量达到近日的最高值。而在随后的几天里，随着股价的看跌，成交量也在不断地减少。

（2）阳孕阳

形态释义

阳孕阳是指股价在高档位收出一根阳线，之后再收一根小阳线，且完全孕育在前一天阳线的实体内，这通常是股价上升乏力的迹象，表明股价即将回档整理。

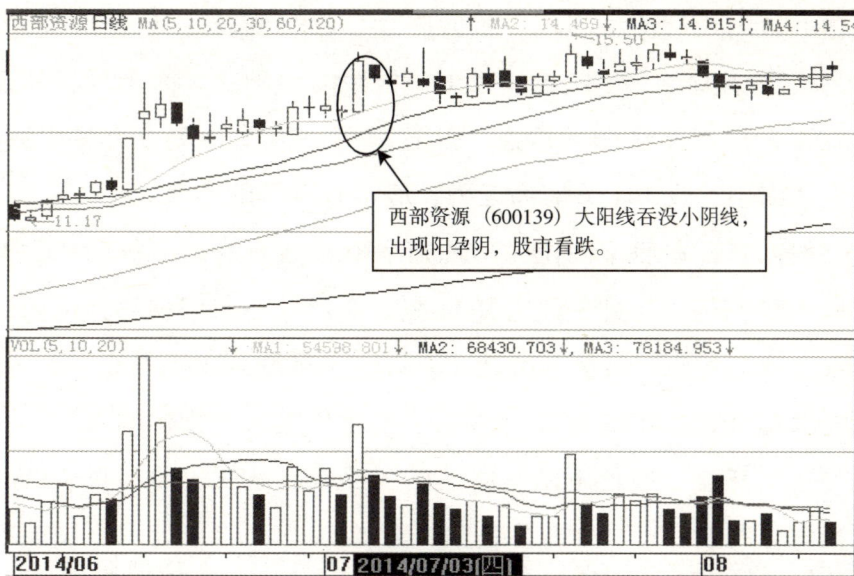

图 3-11 西部资源 (600139)

案例分析

如图 3-12 所示，园城黄金 (600766) 几天内股市持续下跌，成交量不大，在 22 日出现反转趋势，于是该股在 2014 年 7 月 24 日出现近

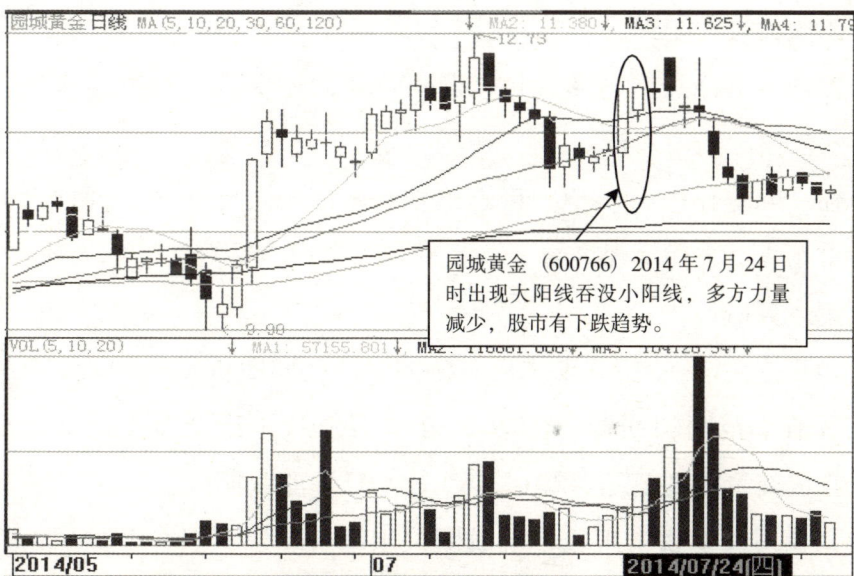

图 3-12 园城黄金 (600766)

几天内股价的最高值，出现一根大阳线，成交量也达到近几日的最高值，随后在 2014 年 7 月 25 日收出一根短的小阳线，大阳线将其完全包含在内，形成阳孕阳的形态。从这里可以看出，多方力量在减小，阳线实体缩小，股市上升有所乏力，股市有看跌的迹象。

一般而言，在股市高位区出现阳孕阳 K 线具有很大的诱惑性，这种持续上扬的阳线，即使刚开始只是低价开盘，人们仍然会认为股价有持续上涨的势头，行情不会就此结束，于是获利盘不愿意获利了结，继续持股追涨，殊不知这样就落入了主力与庄家出货的圈套，第二天没有了主力托盘，股价下跌是必然的事。所以此时，股票投资者应选择卖出部分股票。

在实际操作中，投资者要仔细观察阳孕阳后的 K 线形态，尤其是高位的阳孕阳，如第三天仍高开收阳，则仍可介入；反之要选择卖出。

（3）阴孕阳

形态释义

阴孕阳形态是由一阴一阳两种孕育形态组合而成，第一天拉出一根中阴线或者大阴线，第二天股市出现高开高走，收出一根中小阳线，完全被前日的阴线所包含，这样就形成了腹中孕线。这种组合通常预示多头反击，后市看涨。

在实际操作中，阴孕阳形态出现在不同的走势位置，同样具有不同的市场含义，作为投资者，应根据具体情况具体分析，综合研判。

案例分析

如图 3-13 所示，华新水泥（600801）前期股价暴跌，近期跌势趋缓，并有小范围的回转，于 2014 年 7 月 9 日走出众多中阴线、小阴线，且成交量极度萎缩。2014 年 7 月 9 日该股收阴线，10 日股价高开高走，在阴线中收出阳线，形成阴孕阳组合，说明多头开始出击，力量还不算很强大，不过星星之火已经点燃。此时，后市股价可能放量华新水泥（600801）于 2014 年 7 月 9 日出现阴线完全吞没阳线，多方力量增强，股市有看涨趋势。

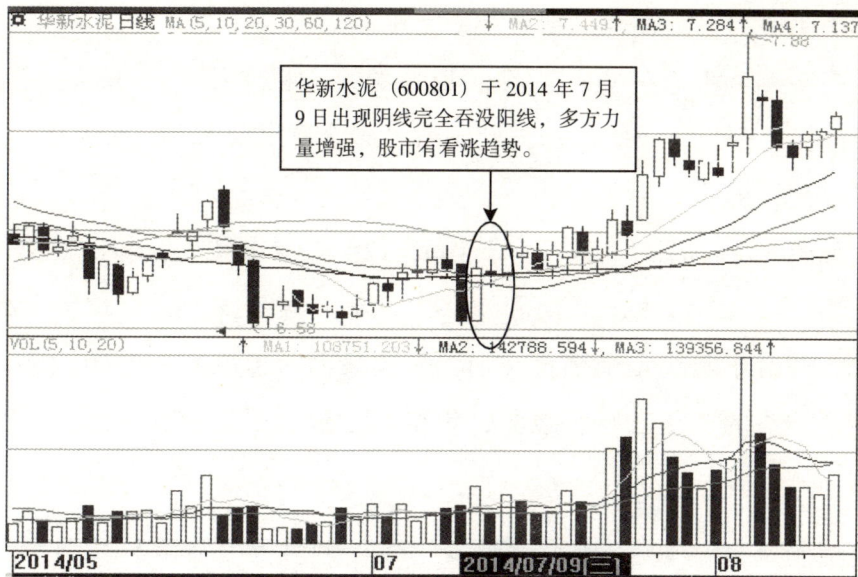

图 3-13　华新水泥（600801）

上涨，那样的话可能会形成反转趋势，投资者可适当介入。

在实际操作中，要掌握阴孕阳的技巧要点：前期股价大幅下跌或回调到位，随时有上涨可能；如果出现在下跌之势中，股票成交量明显减少，则代表着股票下跌势头已经快要消失；此时只要注意观察后期股价是否继续上涨，即可以确认股市是否会出现反转之势。

（4）阴孕阴

形态释义

阴孕阴是指在 K 线组合中，先拉出一根大阴线，跌势凶猛，随后第二天股价却跳高至昨日的大阴线实体内开盘，最终收出一根小阴线，形成阴孕阴形态。

阴孕阴形态是指在下跌行情中，价格或指数在低位收出大阴线或中阴线，次日空方继续发力，在拉一根小阴线，但此小阴线完全孕育在前一条阴线内，暗示空头的抛压已有所减弱，价格或指数的下行速度将减慢，行情有转盘迹象。如果第二根收出十字星且在第一根大阴线或中阴线的下影线内，则是孕十字星形态。

阴孕阴的形态要点：阴孕阴形态的第一根阴线处于下跌趋势中，且之前还有若干个小阴线；与此同时，成交量出现明显减少。

案例分析

如图 3-14 所示，汉森制药（002412）在低市整理震荡过程中，于 2014 年 6 月 27 日收出一根阴线，次日空方继续发力，在拉出一根小阴线，此时小阴线完全孕育在前一条阴线内，形成阴孕阴的形态。此图暗示空头的抛压已有所减弱，价格或指数的下行速度将减慢，行情有转盘迹象。

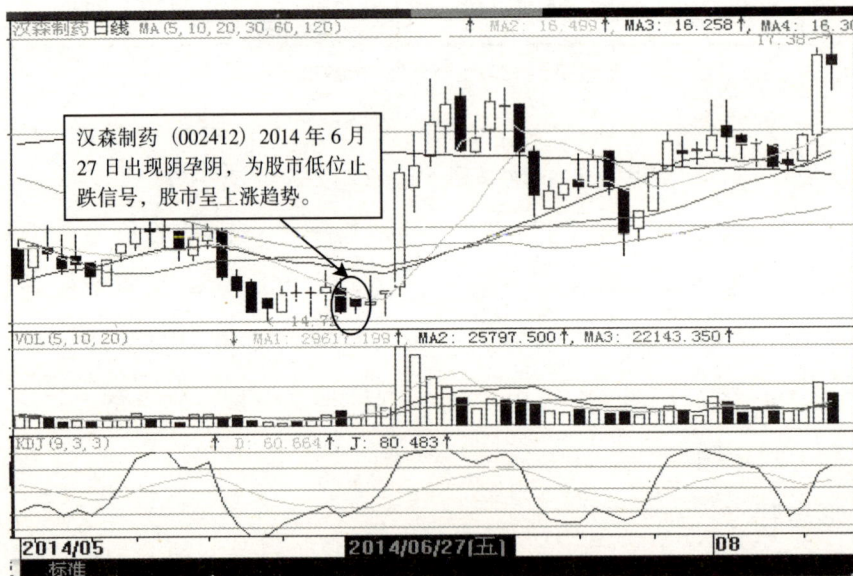

图 3-14 汉森制药（002412）

在实际的操作中投资者尤其要注意的一点是，阴孕阴形态一般出现在股市底部，预示股价会出现反转，是低位止跌的信号。但是阴孕阴出现后后市走势也分两种：一是横向整理，二是反转向上。两者的动向取决于成交量。简单地说，放量就反弹，无量则横盘。若能放量收中阳则可视为反弹的开始。在阴孕阴形态出现后，空头应立即回补

买入，多头也应迅速以低价买入，等待反弹。

除了上述四种常见的孕育形态外，孕育线还有一种特殊形态的"十字胎"，即股价在收出一根大阳线或大阴线之后，出现了一颗"十字星"。

通常来说，"十字胎"出现后，代表着股市之前的价格趋势将难以为继，而并不是说市场马上就会出现价格反转；某种意义上来说，"十字胎"就是市场多空力量暂时得到平衡的关键点，这之后股市进行横盘整理的可能性比较大。"十字胎"是比身怀六甲重要许多的主要反转形态；"十字胎"出现在上升趋势中看跌的效力要比其出现在下跌趋势中看涨的效力强许多。

第四节 红三兵与黑三兵

1. 红三兵

形态释义

红三兵亦称"三红兵"，是指三根阳线依次上升，形成红三兵的形态。红三兵出现时，大多情况下预示后势看涨，至少短期有上扬空间。这里需要注意的是，如果在红三兵后股价上冲时，成交量能同步放大，那么说明该股有新主力加入，往后继续上涨的可能性极大。

一般而言，红三兵具有以下常见的特征：每日的收盘价高于前一日的收盘价；每日的开盘价在前一日阳线的实体之内；每日的收盘价在当日的最高点或接近最高点；红三兵形态发生在市场的底部；价格突破一个重要阻力位，形成上升行情，拉出第一根阳线，然后继续发力拉出第二根阳线；价格每一次拉升，一般以光头阳线收市，表明买盘意愿强劲；一般情况下，红三兵三根阳线的实体部分具有相等的长度。

红三兵的技术特征表现为：在暴跌之后空方已无力继续打压，股价在低价区窄幅波动时小阳线与小阴线交替出现，经过较长时间整理之后，多方积蓄了足够上升的能量，伴随着成交量的放大出现连续上升的三根小阳线，使股价突破盘局开始上升，这三根阳线即称为"红三兵"。

案例分析

如图 3-15 所示，四维图新（002405）于 2014 年 6 月 17 日至 19 日股价持续下跌，之后多方积蓄了足够上升的能量，于 2014 年 6 月 20 日连续出现三根上扬的阳线，形成红三兵形态，此时，由图 3-14 还可以看出，三根阳线对应的成交量也温和放大，且红三兵形成后，股市出现上涨趋势。

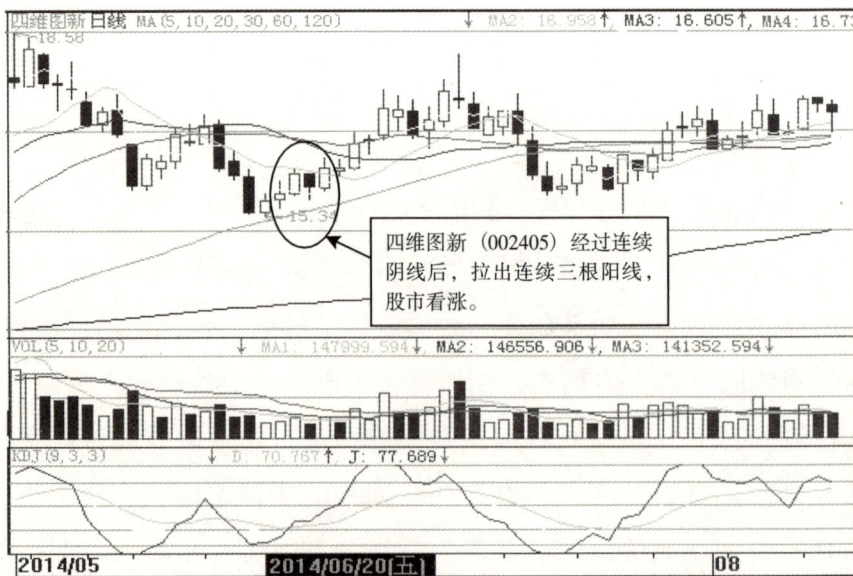

四维图新（002405）经过连续阴线后，拉出连续三根阳线，股市看涨。

图 3-15　四维图新（002405）

此外，红三兵如果出现在下降趋势中，则是市场的强烈反转信号。如果股票在较长时间的横盘后出现红三兵的走势形态，并且伴随着成交量的逐渐放大，则是股票启动的前奏，投资者可以密切关注。

2. 黑三兵

形态释义

黑三兵 K 线组合也叫"绿三兵"，由 3 根小阴线组成，其最低价一根比一根低。三根小阴线像三个穿着黑色服装的卫兵在列队，故名为黑三兵。黑三兵出现在上升趋势中，经过前期股价的拉升上扬，股价可能会出现回落下跌，此时投资者应首先考虑做空。

通常，黑三兵出现在行情上升时，尤其是股价有了较大升幅之后出现，暗示行情要转为跌势；若出现在股市下跌行情的后期，则经过股价持续范围内的连续下跌，往往预示着股市探底行情将会在短期内停止并发生反转，使股价回升上涨。因此，投资者见到黑三兵后，可根据黑三兵出现时的位置，决定不同投资策略，也就是说，在上涨行情中出现黑三兵要考虑做空；在下跌行情中出现黑三兵，则要考虑做多。

案例分析

如图 3-16 所示，利源精制（002501）自 2014 年 5 月 1 日以来价格持续下跌，分别于 5 月 2 日、9 日、13 日连续出现三次黑三兵，在整体的下跌趋势中，2 日的黑三兵后，股价曾小范围浮动反转，出现股价上扬现象，但是并没有改变下跌的大趋势，9 日再次出现黑三兵，黑三兵在行情上升时，尤其是股价有了较大升幅之后出现，暗示行情要转为跌势，13 日再次出现黑三兵，股市转为跌势。

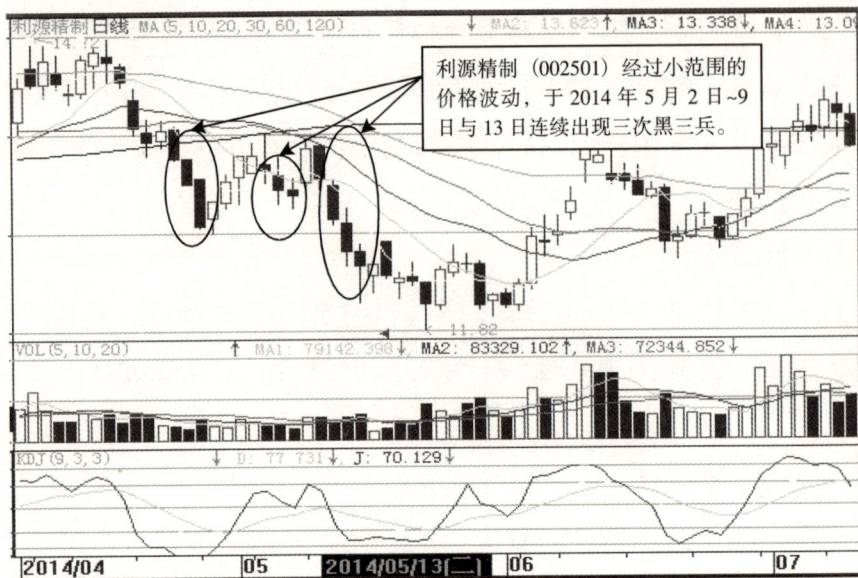

利源精制（002501）经过小范围的价格波动，于 2014 年 5 月 2 日~9 日与 13 日连续出现三次黑三兵。

图 3-16　利源精制（002501）

第五节　日出之星与日落之星

1. 日出之星

形态释义

K 线图上的日出之星预示着股市跌势将尽，大盘处于持续上升的前夜，行情摆脱下跌的阴影，逐步走向光明。日出之星一般由 3 个交易日的 3 根 K 线构成：第一天，股价继续下跌，并且由于恐慌性的抛盘而出现一根巨大的阴线，大事不妙。第二天，跳空下行，但跌幅不大，实体部分较短，形成星的主体部分。构成星的部分，既可以是阴线，也可以是阳线。第三天，一根长阳线拔地而起，价格收复第一天的大部分失地，市场发出明显看涨信号。

在实际操作中，一旦发现某只个股在大幅下跌后，出现早晨之星组合，并且量价配合比较理想，那么投资者就可以逢低买入，积极抄底。

案例分析

如图 3-17 所示，亚厦股份（002375）经过前期的股市持续下跌之后，于 2014 年 7 月 18 日股价跌到最低，随后拉出一根阳线，加上 17 日的阴线，三根线形成早晨之星的形态，预示股市即将出现反转，由此图可见早晨之星形态出现后，股市出现上扬趋势。

日出之星的实战具体操作首先考虑早晨之星出现的时机，一般如果个股或指数已经经过了持续三个月以上的下跌，再加上其中周线甚至月线图中层出现早晨之星的依据支持，那么其预示的见底概率会大大增加。

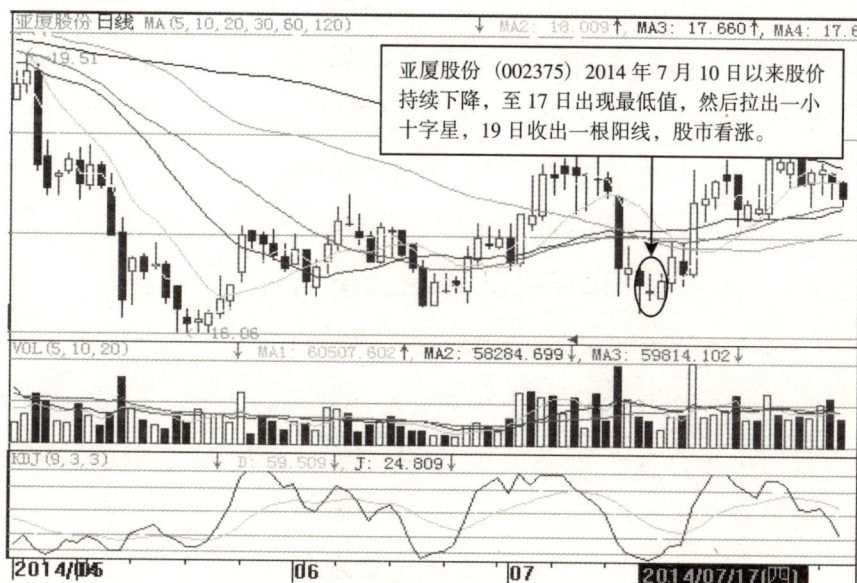

图 3-17　亚厦股份（002375）

早晨之星这种信号的成功率还与第二根 K 线的下影线长度、第三根阳线的攻击力度有关。第二根 K 线下影线要长、第三根阳线的攻击力度要大，如能达到第一根阴线实体位置的一半或其以上为好；而如果此形态出现在早晨之星之后，或者股价回升上涨的当天，投资者应考虑逢低时分批介入。早晨之星 K 线组合出现后，当天或者在后市不跌破星线的低点，特别是中阳或长阳实体的一半，出现分时买点的时候重仓参与，成功的概率将比较高。

2. 日落之星

形态释义

日落之星和日出之星恰好相反，它通常出现在股价连续大幅上涨和数浪上涨的中期顶部与大顶部。

日落之星是由三根 K 线组成：第一天，股市持续上涨，并且拉出一根强劲的长阳线；第二天，股价继续上涨，只是在收盘时发生回落，形成了具有上影线的实体，且实体部分较为窄小。显示买方压力逐步得以舒缓，价格大有可能已见顶。如果第二天的 K 线具有与射击之星相同的上影线，那么此时股市放出的转势信号的可能性则会增加；第三天，股价会出现下跌，也许会出现恐慌性抛压，当日拉出一根较长的阴线，且它的出现覆盖了前两天的价格走势。

案例分析

如图 3-18 所示，闰土股份（002440）自进入 7 月以来，连续出现股市持续上涨的趋势，直至 7 月 7 日买盘强劲，拉出一根大阳线，随后 8 日出现一个小的小阴十字星，9 日就出现一根大阴线，三条 K 线形成日落之星形态，预示股市看跌现象，由图 3-18 也可看出，股市随即出现跌势。

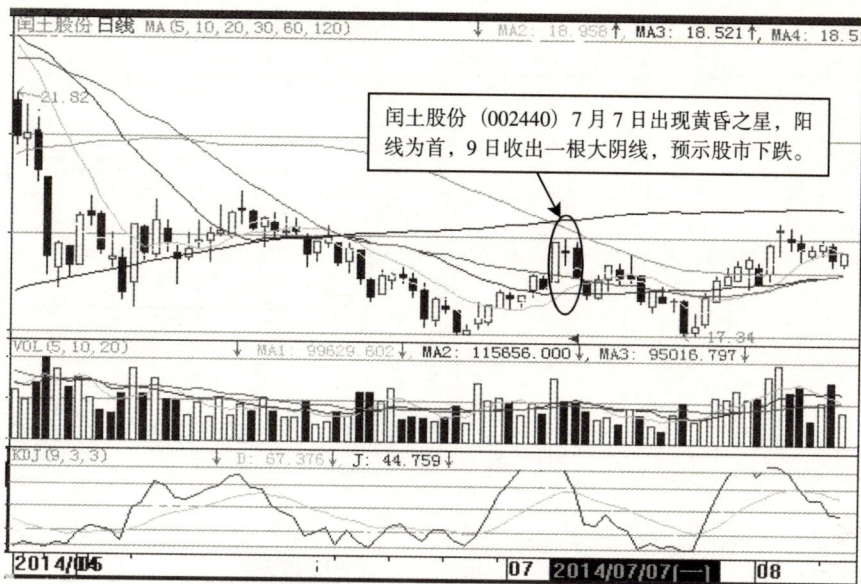

闽土股份（002440）7月7日出现黄昏之星，阳线为首，9日收出一根大阴线，预示股市下跌。

图 3-18　闽土股份（002440）

第六节　两红夹一绿与两绿夹一红

1. 两红夹一绿

形态释义

顾名思义，两红夹一绿是指两根较长的阳线中间夹着一根较短的阴线。这种线的组合既可能出现在涨势中，也可能出现在跌势中。它在涨势中出现，预示着股市会继续看涨；在跌势中出现，则预示股市即将见底，而且如果阴线实体与阳线实体的悬殊越大，其信号的可靠度就会越强。

案例分析

如图 3-19 所示，新时达（002527）自 19 日股价下跌，24 日出现反转拉出一根阳线，25 日拉出一根小阴线，26 日又拉出一根大阳

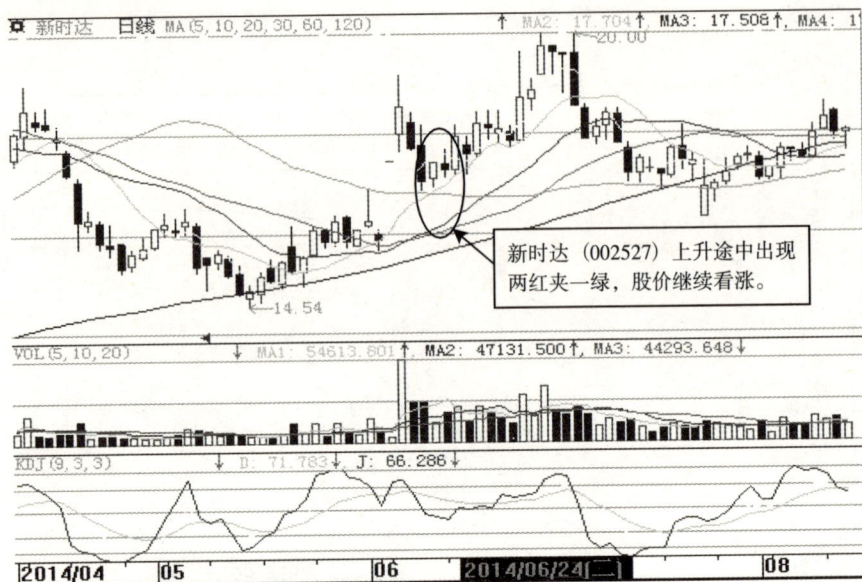

新时达（002527）上升途中出现两红夹一绿，股价继续看涨。

图 3-19　新时达（002527）

线，形成两红夹一绿的形态。由此图可以看出，两红夹一绿在涨势中出现，预示股市将继续看涨，由此图还可看出，股市随即出现继续上涨之势。

2. 两绿夹一红

形态释义

两绿夹一红是指两根较长的阴线中间夹着一根较短的阳线。它的形态与两红夹一绿正好相反。如若该图形出现在涨势中，则暗示股价上升的空间不大，投资者可在此时选择卖出。如若在下跌趋势中出现两绿夹一红，表示股价在经历休整，后期仍会下跌。

案例分析

如图 3-20 所示，新筑股份（002480）经过几日的持续下跌之后，于 7 月 17 日出现两绿夹一红的形态趋势，最后收出一根大阴线，预示股市持续走低。

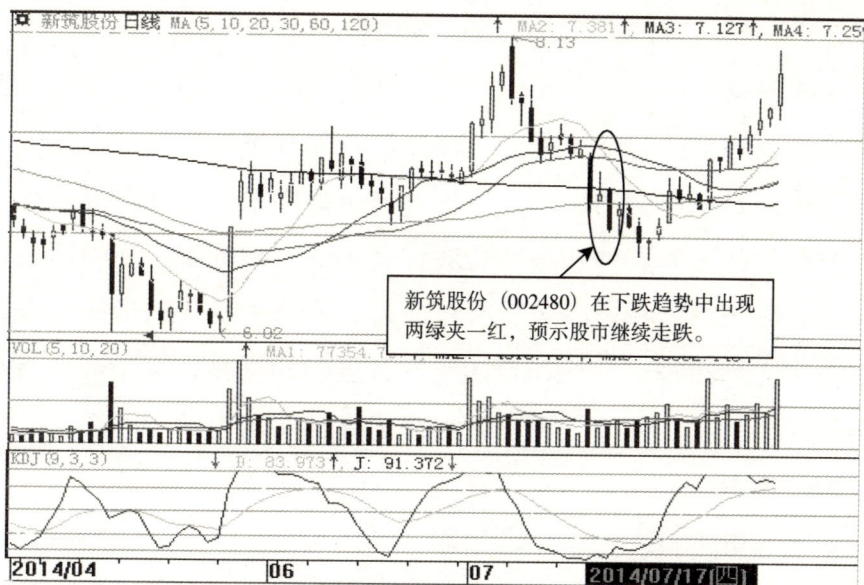

新筑股份（002480）在下跌趋势中出现两绿夹一红，预示股市继续走跌。

图3-20 新筑股份（002480）

第七节 塔形顶与塔形底

1. 塔形顶

形态释义

塔形顶的形态像一座塔，当然塔的顶部可以是平的，也可以是尖的。当塔形顶形态出现在股价上涨趋势中时，首先会拉出一根较长的大阳线或中阳线，之后随即会出现一连串的小K线，形成塔顶，紧接着又出现一根大阴线或中阴线，至此，塔形顶形态就完全形成了。

塔形顶部形态，与圆形顶部形态、平底锅底部形态也有相似的地方。两者最主要的区别是，在塔形顶形态中，市场反转之前和反转之后，出现的都是长长的实体，通常含有更多的波动剧烈的K线。实际上，不必担心一个顶部过程到底是属于塔形顶部形态还是属于圆形顶部形态，一般认为，所有这些形态都是主要反转形态。

实战要点

塔形顶的技术特征可分为三部分：首先股价处于上升趋势中，然后出现一根长而有力的阳线，或者一连串的阳线，反映出上升动力强劲；当股价的上升趋势明显减弱时，会出现一根或者一连串阴线，也就预示着股市出现扭转，股价有可能得到回升上扬。从形态上看，由于股市中先后出现的阳线以及阴线的长度较为夸张，且中间还有小 K 线维持在高位给予支持，所以就形成了类似于高塔的形态图，故被称为塔形顶形态。

案例分析

如图 3-21 所示，广船国际（600685）自 2014 年 1 月以来，股价持续上涨，虽然途中出现过小阴线，但仍是始终处于上扬趋势。由此图可见，直至 2014 年 9 月股价上涨到当前的最高值，随后出现一连串的小 K 线，但是股价始终保持在一个平稳的状态，直至 14 日。14 日

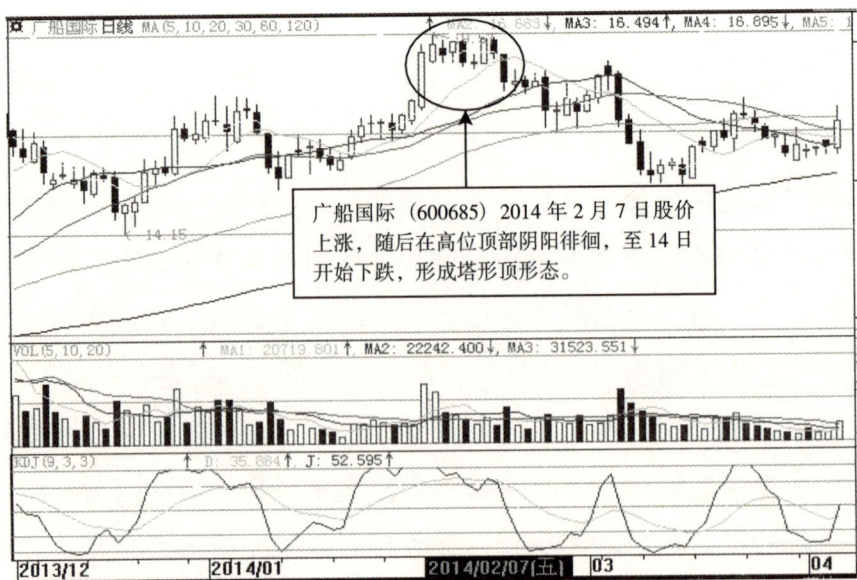

广船国际（600685）2014 年 2 月 7 日股价上涨，随后在高位顶部阴阳徘徊，至 14 日开始下跌，形成塔形顶形态。

图 3-21 广船国际（600685）

拉出一根大阴线，随后股价下跌，该股自 7 日与 15 日之间形成一个塔形顶形态，之前股价看涨，之后股价看跌。

2. 塔形底

形态释义

顾名思义，塔形底形态是一种底部形态，预示股价反转信息，这种形态并不太常见。因为此形态的形状整体来看像个倒扣的塔顶，所以常被称为塔形底，它是一种见底回升的信号。

一般情况下，当股市处于下跌趋势时且到末期的某个阶段时，如果拉出一根甚至一串的大阴线之后，股市股价的下跌趋势明显减慢，到一定程度后，股价便又止跌回升，开始慢慢上涨，出现一连串的小阳或者小阴线，等到了股市的后期，又拉出多根大阳 K 线，则形成一个完整的塔形底形态。

一般情况下，个股在经过长期下跌后，股价有回升趋势，此时，底部出现塔形底形态是非常常见的信号。通常而言，在股市底部出现塔形底形态，股市在后期很可能进入股价整理趋势，或直接出现回升上涨。如果股市主要趋势是下跌的，这时如果在底部出现塔形底形态，投资者则不要急于建仓，要持股等待且密切关注，最好经过两个日 K 线周期后再进行分析，这样才能确认是否为底部反转形态。

此外，塔形底形态除了预示见底外，这种形态的最低点也是股票后期走势的关键支撑点，如果后期股价跌破该支撑点，那么股价后市必然看跌。大阴线、大阳线的实体与小阴线、小阳线的实体振幅成反比，其实体越大，小阴线、小阳线实体振幅就会越小，那么其所预示的见底信号就越强烈。除此之外，一般情况下，在塔形底形态出现之前，股价的跌幅越大且下跌时间越长，那么此形态预示的见底信号就会越强烈。

另外，最后出现在高位的塔形底形态，并无多大实战意义，可忽略。

实战要点

塔形底形态经常出现于股市短暂的下降趋势中，由其引起的股价反转回升上涨力度一般较小；先阴后阳、两根 K 线实体较长、成交量有所放大、短时间内反复出现对造就真正能引起转势的平底十分有利。一般情况下，此形态出现后还要认真区分平底所处的股市位置，因为，只有在低位出现的平底才能真正预示股价见低，这时投资者可以放心买入，否则要持股多观望。

案例分析

如图 3-22 所示，XD 祁连山（600702）2014 年 6 月 19 日在经历一段时间的低位整理后，19 日开始下跌加快，之后几天出现连续十字星，形成塔底，之后股价上涨。

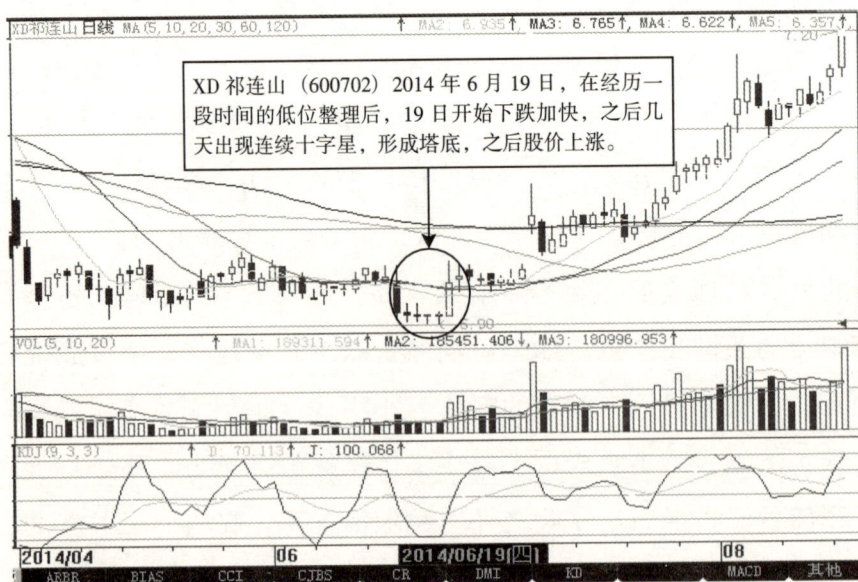

图 3-22　XD 祁连山（600702）

第八节　跳空上涨与阴后五阳

1. 跳空上涨

形态释义

跳空上涨是指股价在受利多或者利空的影响之后，出现大范围内上下大幅度跳动，其中，当股价因利多影响而发生上涨时，交易当天股市的开盘价或者最低价会高于前一天的收盘价至少两单位以上，此时就被称为"跳空上涨"现象。

一般情况下，在股票市场中，在跳空上涨形态出现之前，股价或在开始或结束都会有较大的变动，这样即表明向上跳空所预示的股价上涨趋势明显且强劲，此外，股价跳空是明确趋势开始的关键标志，其中股价跳空的缺口越大，预示趋势就越明显。

案例分析

如图 3-23 所示，海康威视（002415）经过一段时间的持续下跌之后，在低盘区经过整盘动荡，于 2014 年 7 月 18 日拉出一根阳线，而后 19 日开出一根大阳线且最低价两倍高于前者最高价，并且之间出现跳空缺口，此时它所暗示的后期看涨信号比较强烈，由图 3-23 可以看出，自 19 日后股价出现明显的上涨趋势。

2. 阴后五阳

形态释义

阴后五阳是指大盘或股价跌到低位后连续出现的五条阳线的走势形态，这五条阳线，就像五位英雄战士，整装待发，以便攻城略地取代空方。所以它的出现代表着后市将是多方的天下。

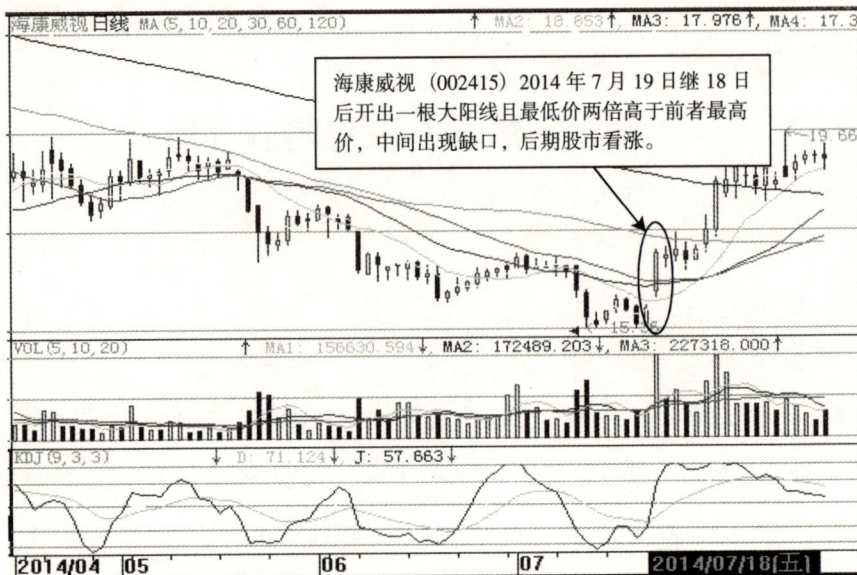

海康威视（002415）2014 年 7 月 19 日继 18 日后开出一根大阳线且最低价两倍高于前者最高价，中间出现缺口，后期股市看涨。

图 3-23　海康威视（002415）

这五条阳线在低位出现时，表明做多的力量占据优势，连续五天都是多方取得胜利，空方已被多方打得无立身之地，后市大盘或股价就会趁机上攻。

案例分析

如图 3-24 所示，高德红外（002414）经过一段时间的低位动荡起伏后，于 13 日先出现一个小的阴后五阳，由此图可见股市上涨趋势不太明显，可是继 26 日的阴后五阳后，阳线实体较大，暗示上涨趋势明显，由此图也可看出，26 日后股市出现明显的上涨趋势。

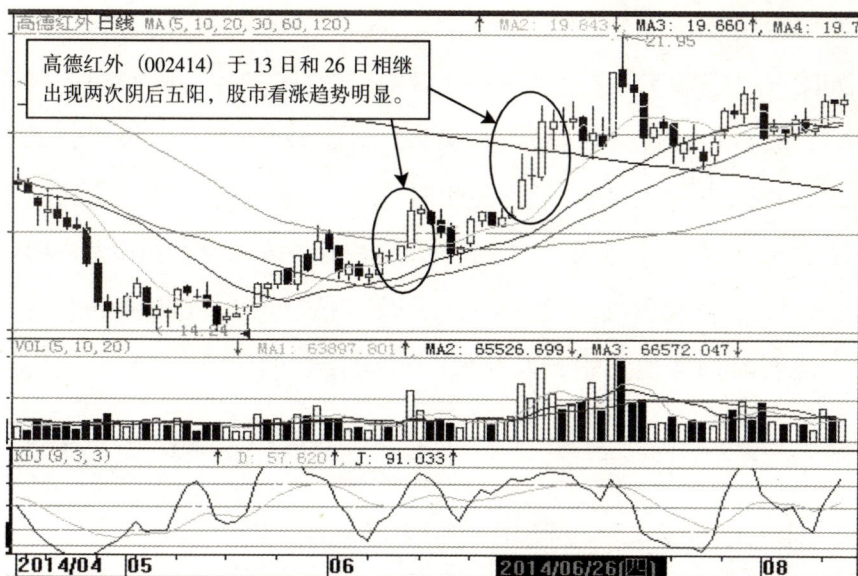

图 3-24　高德红外（002414）

第九节　高位出逃与低位反转

1. 高位出逃

形态释义

当股价经过大幅度上涨之后，突然出现一根带长上影线的 K 线时，特别是在放量的情况下，投资者就要高度谨慎了，这往往是庄家出货的迹象。一般呈现为"高位出逃倒锤头线"，预示着股市即将看跌。

一般情况下，高位出逃现象出现之前，股价已经出现了大幅度的上涨，而且经历了一段时间的加速拉升。碰见这种类型的个股时投资者一定要时刻注意，一旦股市有走弱迹象，就要有所反应。

案例分析

如图 3-25 所示，中银绒业（000982）前期经过一段时间的股市上涨之后，股价在高位区域整理，随即于 3 月 18 日出现一根长长的上影阴线，并伴随有较大的成交量。此时出现的这个长上影阴线其实就是给投资者暗示了一个信号，庄家会借助快速拉升的机会出货，形成高位出逃，预示着股价即将迎来一波下跌行情。当出现此种形态时，投资者一定要时刻谨慎观察，及时发现股票存在的风险。

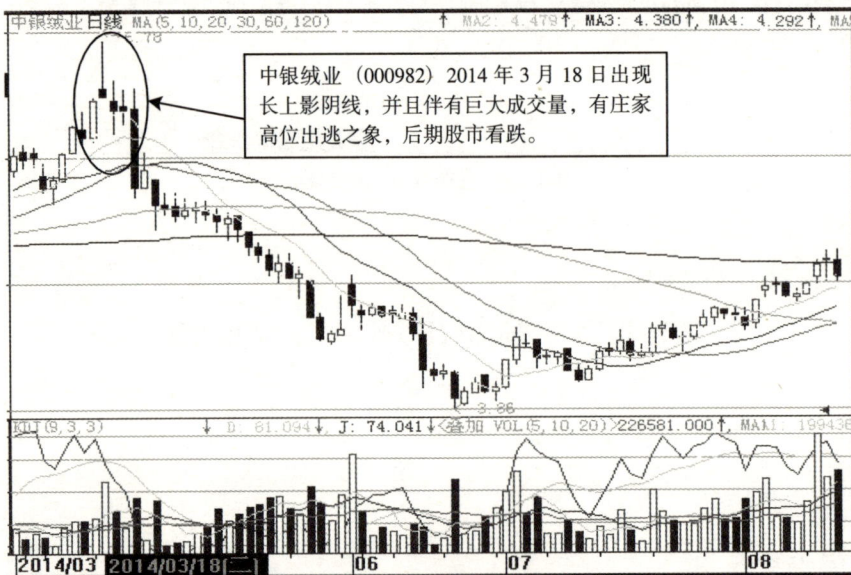

中银绒业（000982）2014 年 3 月 18 日出现长上影阴线，并且伴有巨大成交量，有庄家高位出逃之象，后期股市看跌。

图 3-25　中银绒业（000982）

2. 低位反转

形态释义

低位反转形态的出现要满足三个条件：第一，该形态出现之前股价要有较大幅度的增长；第二，股票的成交量也要保持较大幅度的持续增长；第三，股市长期的不景气，会导致市场的低迷，形成低位，然后经过长期的低位整理，最终出现股价的爆发，股票价格持续反转，这样，才算是完全形成了低位反转。低位反转常常是机会的开始。

成交量可以说是股价的动量，在经历过一段长时期的股市下降或横盘整理后，当股阶迎来新一轮的上涨时，首先发生变化的就是成交量，它由先前的大幅萎缩，变为随着股价的回升而回升上涨，出现明显的剧增，所以，在研判这一形态时，我们也要多看成交量的变化。

一般情况下，一只股票的成交量如果在股市的底部出现放大，则预示着股价将会出现上涨，这时的成交量就像火箭发射前充足的底部燃料一样，只有蓄积了足够的能量才能使底部有充分的动力。也只有这样的量价配合，股价才能呈现狂升的强劲走势。

案例分析

如图 3-26 所示，人人乐（002336）2014 年 4 月以来一直长期处于低势，在经历了一段时间的低位波动整理后，于 6 月 22 日降至最低，随后出现低位反转迹象，成交量也随之慢慢变大，一只会大涨的股票必须具备充足的底部动力才能得以将股价推高，由图 3-26 可见，股市出现上涨趋势。

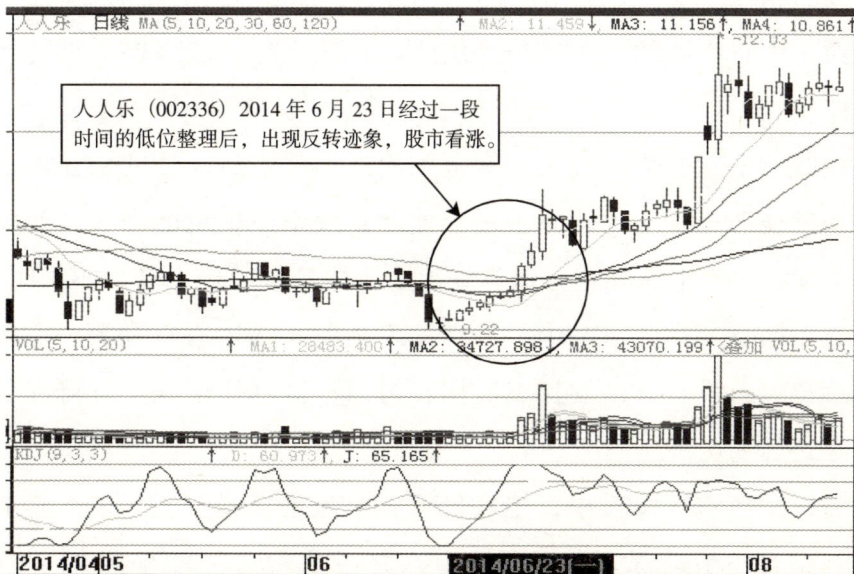

图 3-26　人人乐（002336）

第十节　加速度线与减速度线

1. 加速度线

形态释义

加速度线形态既可以在股价上涨趋势中出现也可以在股价下跌趋势中出现。上涨趋势时出现为头部信号；下跌趋势时出现为底部信号。在股市的后期，越接近末期，股价运动趋势越明显，幅度越大，速度也越快。

加速度线的技术含义尤为重要，一般情况下，在上升行情中，有些个股前期上升的速度尤为缓慢，但是后来就越涨越快，接连拉出很有力度的中阳线或大阳线，此时上升行情也随之走到了尽头；反之，在下跌行情中，有些个股前期下滑也尤为缓慢，但是后来越跌越快，接连拉出很有力度的中阴线或大阴线，在这之后，股市的下跌行情也随之停止。

在股市中，股价经过大幅度范围内的上涨之后，往往会在末端出现加速度线形态，与此同时，还会伴随着股票成交量的增大，使股价持续上涨，股市也能够充分地释放出多头能量，股价上升也颇为明显。需要注意的是，在此形态中，一旦发现某根 K 线中有获利筹码准备上移的迹象时，投资者则要提高警惕，可以根据具体情况先减持部分股票，之后继续观察。

所以，在实际操作中，当股价上升时先是慢慢涨，后来产生加速上涨行情，一般情况下，股价十有八九会在短期内回落下跌；相反，当股价下跌时，起初股价先是慢慢地下跌，随后股价下跌的速度加快，股价出现见底的可能性增大，但是随后也不一定会马上就产生回升上涨行情，有时股市会在某一阶段横盘筑底整理后再开始慢慢向上回升。

案例分析

如图 3-27 所示，爱仕达（002403）在经过股价一段时间的跌宕起伏后，以 20 日收出的小阳线为头，相继拉出多根阳线，且呈股价递增趋势，虽途中出现过小阴线，但是不影响股市整体的上涨趋势，前期上涨比较缓慢，随后伴随着成交量的变大，股价迅速上扬。由此图可以看出，在 7 月 7 日股价上升速度最快，并且后期股市在持续上扬，此时投资者可选择持股观望。

在实际操作中，要把握以下策略：投资者对暴跌后的筑底行情要多看少动。持筹者不要再盲目割肉，待股价反弹或上涨时，再考虑卖出。

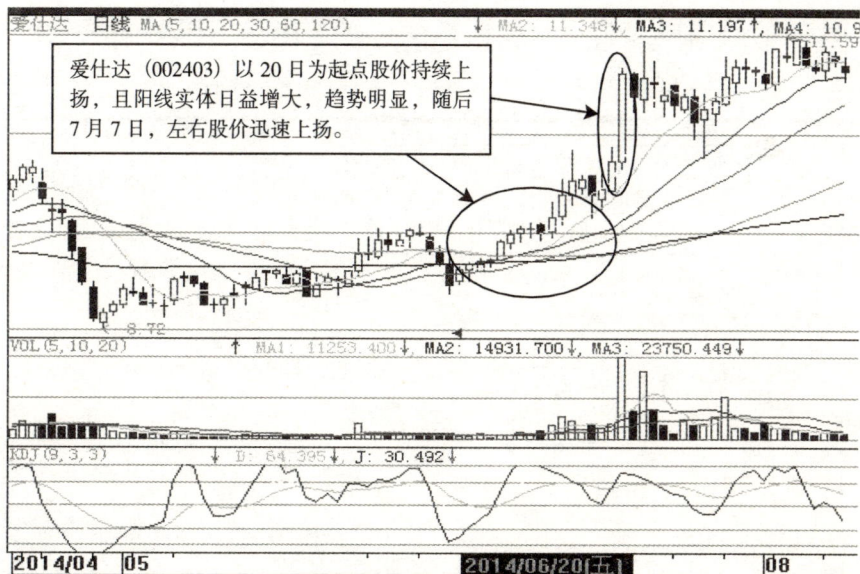

图 3-27　爱仕达（002403）

2. 减速度线

形态释义

减速度线与加速度线是正好相反的形态。它表示的股价变化速度是由强到弱的。起初速度很快，越接近目标速度越慢，呈递减趋势，因此称为减速度线。

一般情况下，减速度线出现在上升行情中，一些个股先是快速地爬升，后来速度有所减缓，之后会接连拉出很多小阳线，且阳线实体缩小，此时上升行情也就走到了尽头；反之，在下跌行情中，个股快速下滑，后来下跌速度有所减缓，一般情况下，这预示下跌行情也就到了终结的时候。

案例分析

如图 3-28 所示，世纪星源（000005）2014 年 4 月底股价持续下跌，起初股价下跌速度较快，由此图可以看出，4 月底拉出几根大阴线，此时的股票成交量也是随之减少，接下来的一段时间里股价在低

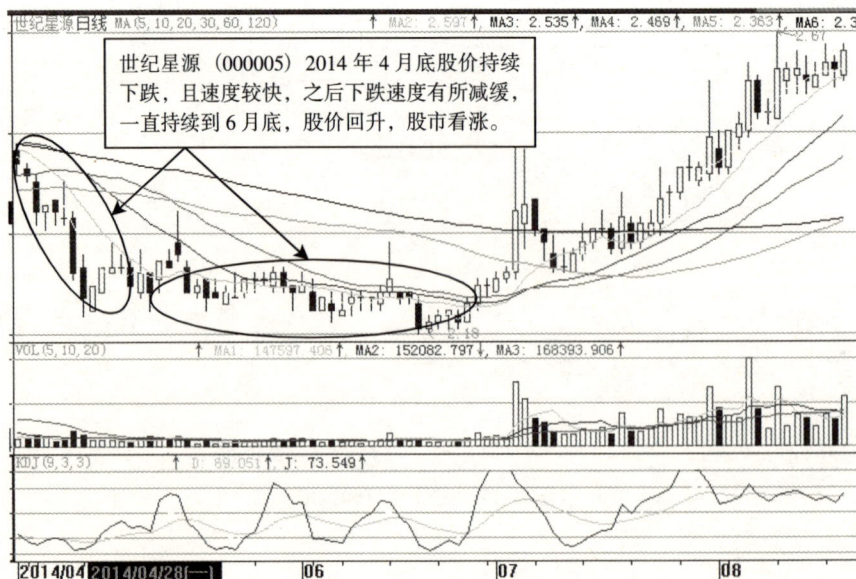

图 3-28　世纪星源（000005）

位区上下起伏，总体是下降趋势，只是速度有所减缓，至此形成减速度线形态，一直持续到6月底，经过长时间的低位区波动，6月底股价开始快速回升，股市看涨。

第十一节　叠叠多方炮与叠叠空方炮

1. 叠叠多方炮

形态释义

多方炮是一种走势上呈现两阳夹一阴的K线技术形态。特殊的三阳夹二阴则称为叠叠多方炮。

两阳夹一阴这种K线组合形态的构造过程来自庄家主力的震仓行为。两阳夹一阴属于短线型的K线组合形态，其中处于箱顶和上升中途的，要求以短线进出为好，并不适合中长线投资者的参与，只有那种处于底部的才适合中长线投资者逢低买入。

在两阳夹一阴这种K线组合形态的构造过程中，第一天容易使人获利了结，第二天由于出现阴包阳现象，更会诱使人抛出手中筹码，而第三天又容易令已抛出筹码者十分懊悔，不愿买回，这些现象均有利于庄家的洗盘。一旦两阳夹一阴这种K线组合形态明显构成，不管是空仓者还是刚被震出仓者，均可立即半仓介入，另外，半仓可待该股的价格创出新高后再次介入。

一般情况下，两根阳线中间夹一根阴线，后一根阳线实体越大越好。

案例分析

如图3-29所示，申能股份（600642）在2014年7月9日拉出一根大阴线后，连续出现三根阳线，并且阳线中间夹杂两根小阴线，且阳线的实体也是越来越大，并且由此图还可以看出，股票的成交量也是在不断地增大，此时形成了明显的叠叠多方炮形态，在出现多方炮之后，股价经过几日的整理，由此图可见，股价于 20 日开始有明显的上升趋势，股市整体上扬。

图 3-29　申能股份（600642）

2. 叠叠空方炮

形态释义

叠叠空方炮与叠叠多方炮正好相反，是指股市股价在经过一段时间的横盘整理后，股价开始下跌，前期股价下跌速度缓慢，一段时间后股价下跌速度加快，并且下跌幅度也大大增加。其中有连续三天的走势是：第一天、第三天是股价下跌幅度较多，而第二天是微量上升，把这三天的股价走势称为空方炮，它预示着股价还有一段下跌的可能。

此形态中在初期即股价头部区间，首日出现的阴线表示庄家预期出货的可能性较大，使用这种方式先将股票价格压低，受股票长期上涨情况的影响，投资者会积极地选择逢低买进，因此，股市在第二日收出一根阳线，随后庄家见股票筹码增多便会彻底地大力出货，股市当日即收出一根阴线。

一般情况下，三阴夹两阳的特殊空方炮即为叠叠空方炮，是空方炮的重复，短期下跌走势的可能性极大。

案例分析

如图 3-30 所示，山西焦化（600740）2014 年 4 月 11 日拉出一根大阴线，股价下跌，此时的成交量也有所减少，由于长期的上涨使人们逢低即买，第二天买入盘涌入收阳线，第三天庄家见高价筹码再次大力出货，再收阴线。就这样一直持续到 18 日，这期间出现阴阳相间，形成叠叠空方炮形态，由此图也可看出，叠叠空方炮后，股价开始下跌，一开始速度缓慢，随即在 22 日拉出一根大阴线。

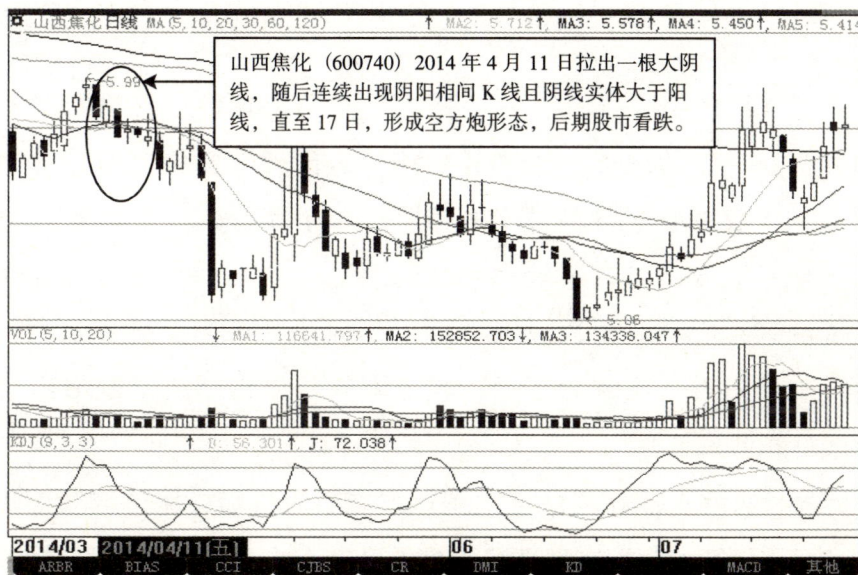

图 3-30　山西焦化（600740）

第十二节　光脚阳线

形态释义

光脚阳线形态是指，带有或者没有上影线的阳线实体出现后，股市当日的开盘价为当天的最低价。当天股市开盘之后，股市为买方市场，可以说买方在股市占据明显的优势地位，此形态出现后股票价格持续上涨，股价具有很强劲的上升势头，股价升至高位时多空双方发生分歧，导致股票价格出现回落下跌，但最终仍收出阳线。总体来讲，股票先涨后跌，买方力量占优，但实体部分与上影线长短差不多且量能明显放大或缩小时，说明买方力量稍弱于卖方力量，投资者买入时应谨慎。

在实际操作中，投资者还应依据形态所出现的位置进行股价趋势的分析。一般情况下，当光脚阳线形态出现在股价上涨行情中的时候，它代表着股票看多做多的信号，预示股价的持续上升。但如果它出现时股价已经有了较大幅度的上涨，尤其是在股价已经经过大幅上涨且在后期股价快速上涨后出现的话，那么投资者就要提高警惕，确认是否是庄家为了引诱投资者高位接盘而故意制造出的光脚阳线形态。

此外，有些个股在高位区出现该形态后股价仍会保持继续上涨的趋势，但是尽管如此，这种情况下的获利却存在着一定的风险，所以，投资者在进行决策时要具体分析股票情况，尽量避免遭受损失。

一般而言，在实际操作中，光脚阳线在上升趋势形成后，拉升途中会出现多根光脚阳线，股价一路向上攀升，这表明主力做庄实力雄

厚，做多意愿强烈，此时投资者能及时跟进此类个股，收益一般会十分丰厚。另外，如果在股市高价区域拉出光脚阳线的话，也是值得投资者注意的一种现象，因为此时的这种形态代表当前高位区多空双方存在分歧，后期趋势不明。

案例分析

如图 3-31 所示，中国高科（600730）2014 年 1 月 24 日在经过几日的股价上涨以后，出现一根大阳线，此大阳线没有上下影线，为光脚阳线，后期股市看涨。

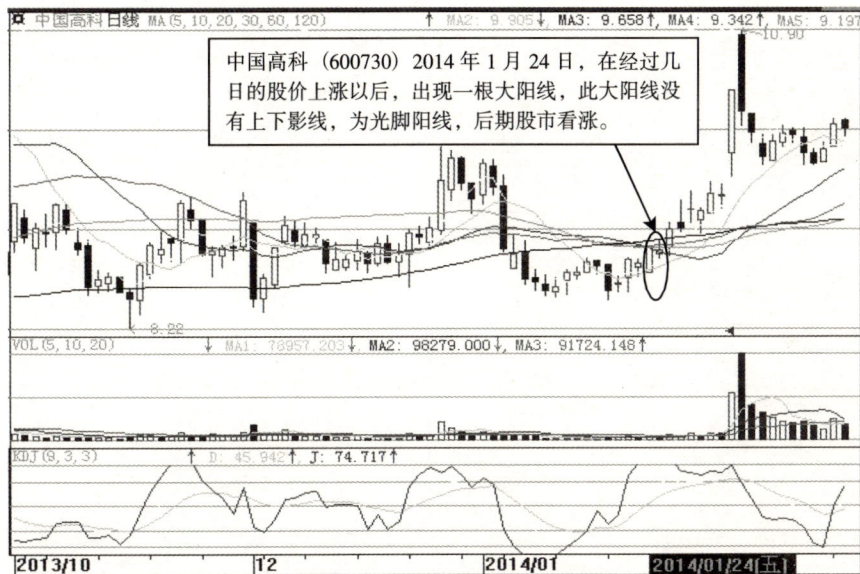

图 3-31 中国高科（600730）

第四章　K线经典组合形态的实图解析

第一节　双顶形态与双底形态

1. 双顶形态

形态释义

双顶形态是在股价上涨至一定阶段之后形成的，形态出现左右两个顶峰，分别称为左锋与右锋。理论上，左锋与右锋的两个高点应该基本保持相同，但在实际K线走势中，左锋的高点一般比右锋稍低一些，一般情况下相差3%左右。

实战要点

在左锋形成回落的低点位置画水平线，就形成了我们通常所说的颈线，当股价再度冲高回落并跌破这根水平线支撑的时候，双顶形态正式宣告形成。

在实际操作中要注意，双顶形态的形态像字母M，因此又被称为M头形态，M头形态是一种转势信号，表明股市冲高失败，股价的涨势已止。从第一个高点回落的低点所作的水平线就是M头的颈线，跌破颈线是一个可靠的卖出信号，跌势将持续一段时间；后期股价有可能回抽颈线，此时又是一次出局机会。

案例分析

如图 4-1 所示，手游（993059）经过一段时间的股价持续上涨后，于 2014 年 6 月 13 日出现一个顶点，股价升至高点，由此图可见，左锋时股票成交量达到最大。随后股票出现小范围的下跌，并于 6 月 27 日形成右锋，由图可见右锋高点高于左锋，随即股市出现下跌趋势，说明第二次反弹过程中资金追涨力度越来越弱，股价上升趋势减弱。投资者应选对时机，在左锋时可卖出部分股票，在右锋时可选择全部卖出。

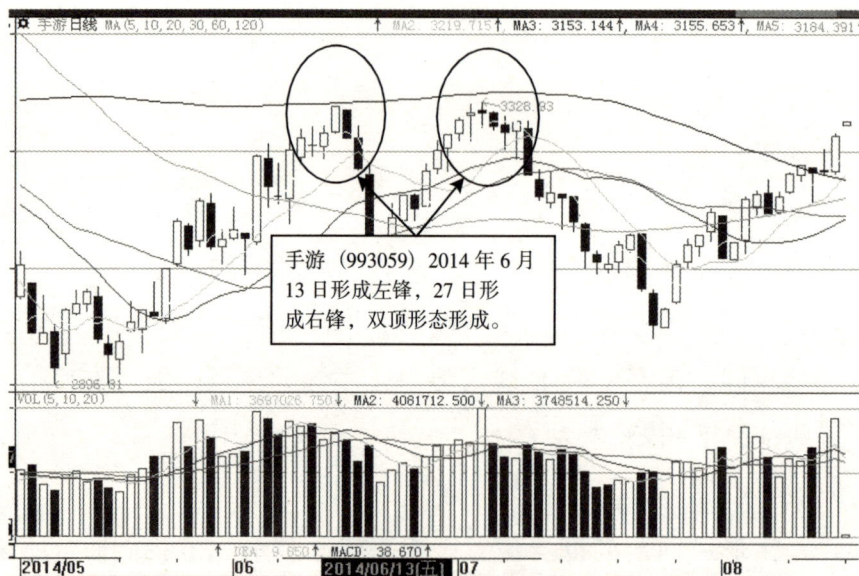

图 4-1　手游（993059）

在双顶形成过程中，左锋的成交量相对较大，右锋的成交量相对较小。而且伴随股价的变化，股票的成交量也随之呈现递减的趋势，这表示股市中股价在之后的反弹过程中资金追涨的力度越来越弱，同时股价上升的趋势也明显减弱，并有股价已经见顶的预兆。双顶形态

形成后，股价在下跌过程中往往会出现反抽走势，但是反抽力度不强，大约在颈线的位置构成强有劲的阻力。

案例分析

如图 4-2 所示，园城黄金（600766）从 2014 年 6 月中旬开始，股价一直处于持续上扬的状态，直至 7 月 12 日股价达到目前最高，随后，多空双方展开激烈竞争，股价开始回落。该股经过几日小范围的波动后，股价又开始回升，并于 25 日达到最高，形成右高峰，至此双顶形态完全形成，由此图可以看出，随后股市出现下跌趋势。

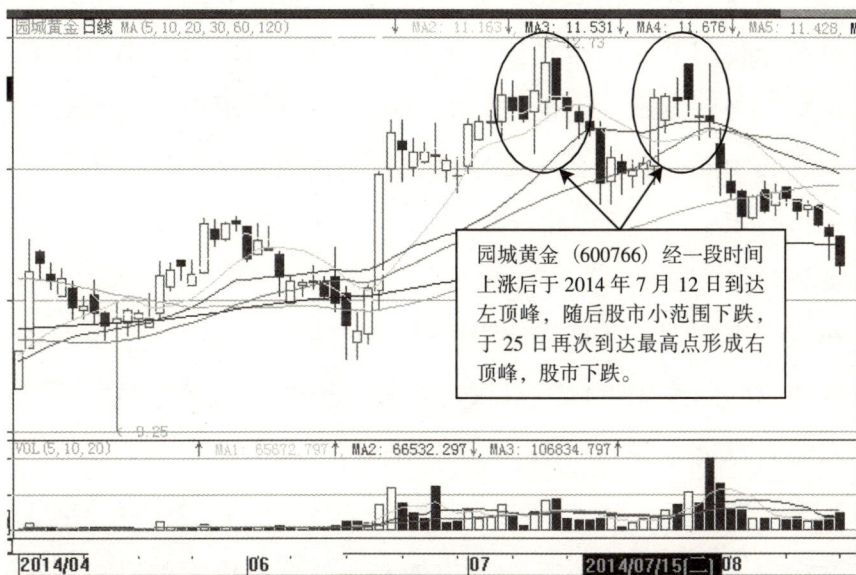

图 4-2　园城黄金（600766）

2. 双底形态

形态释义

双底形态是 K 线价格走势的一种常见的底部形态，由于其形态像字母 W，因此双底形态又俗称 W 底。它是指股票价格在某一时间段内连续两次下跌至相同低点时形成的走势图形。W 底形态预示股市反转信号，一般情况下它表明股价探底成功，股票跌势暂时停止。通常是反映在向下移动的市况由熊市转为牛市。在此形态中，股价首次由低点回升到最高点的位置即为形态 W 底的颈线位置，此时如果股价能够冲破颈线并持续向上，则投资者可以积极进货买入。突破颈线后的回抽可视为第二个卖点，成交量通常因回调而大幅增加。

在实际操作中，此形态大多数出现在股价持续下跌的阶段末期，而很少出现在下跌趋势的途中。此形态的主要特征为：形态形成的首个底部的反弹幅度一般控制在 10% 左右；在第二个底部形成时，成交量相对有所减少，因此很容易出现圆形的形态，而上破颈线之时，成交量必须迅速放大；在双底形态突破之后常常会有回抽趋势，在颈线附近自然止跌回升，从而确认往上突破有效；双底形态中一般第二个低点比第一个低点高，但也有可能比第一个低点更低，因为对主力而言，探底必须要彻底，必须要跌到令多头害怕，这样才能使多方不敢持股，从而才能达到低位建仓的目的。

实战要点

在实际操作中，此形态双底之间的时间跨度原则上应至少多于一个月。如果时间太短形成的双底，其触底回升的信号就不太可靠，反弹上去之后投资者要随时注意它什么时候会回落，因为主力常用这种手法来诱骗投资者。对此大家要引起警觉，在双底形成时，KD 线等指标与大盘常出现底背离状况。双底是个底部转势信号，但它转势信号的可靠程度比头肩底差，因为双底形态只经历了两次探底，对盘面的清理不如头肩底那样来得干净彻底，这也就是有很多双底冲破颈线后又重新探底的一个重要原因。

通常，双底形态的两个低点遥相呼应，相互对称，所以，我们就可以将第一个底的股票价格作为投资者买进的介入点。这种买点只能被认为是试探性的买点，必须注意合理的仓位控制，一旦失败马上止损，即使在双底形态失败的情况下也至少会有 10% 以上的利润。如果

成功就意味着买在上升趋势的起点。

案例分析

如图 4-3 所示，银座股份（600858）自 2014 年 6 月以来股市持续走低，这期间股市也有小范围波动，但总体呈下降趋势。由此图可见，该股于 2014 年 6 月 22 日股价跌至最低，形成一个左低峰，随即股市有所回升，股票有所上涨，但是仍然无法改变其下跌的大趋势，在回升至 29 日前后，股价再次下跌，于 7 月 4 日跌至低点，此时虽低，但是仍高于左低峰的最低值，这是预示股市即将出现股价反转的信号，由此图可见，股市于 7 月 5 日后出现上升趋势。

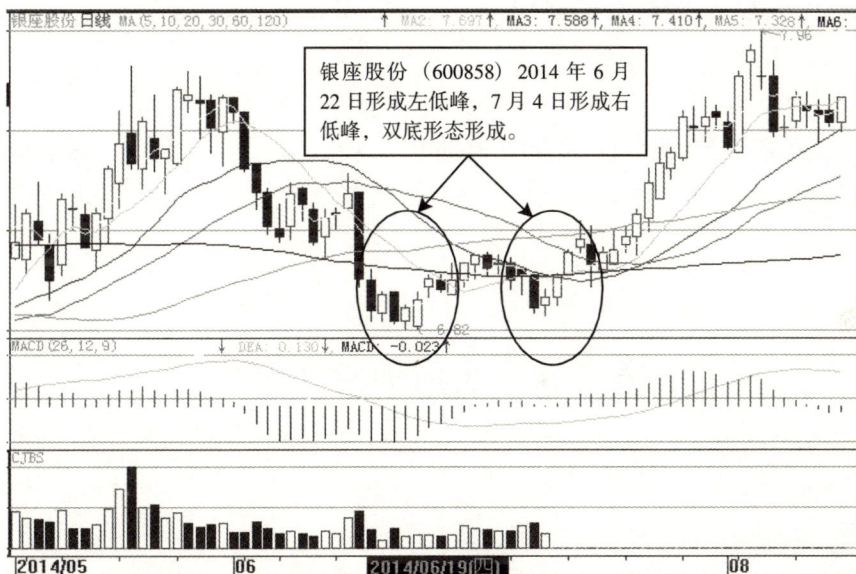

图 4-3 银座股份（600858）

如图 4-4 所示，世联行（002285）2014 年 4 月以来一直处于跌势，股价持续下跌，于 5 月 17 日跌至日前的最低点，且成交量较小。随后股价开始回升一直到 23 日，由此图可以看出，股市在经过一段时间的波动整理后，股价又开始回落，并于 6 月 10 日跌至最低，至此，

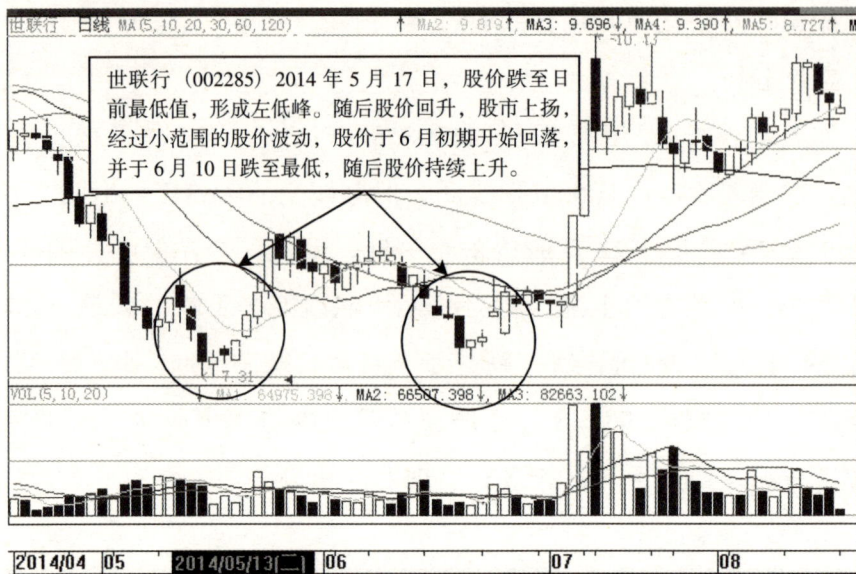

世联行（002285）2014 年 5 月 17 日，股价跌至日前最低值，形成左低峰。随后股价回升，股市上扬，经过小范围的股价波动，股价于 6 月初期开始回落，并于 6 月 10 日跌至最低，随后股价持续上升。

图 4-4　世联行（002285）

股市双底形态形成，预示着股市即将反转，如图 4-4 所示，随后股价持续上升。

第二节　头肩顶与头肩底

1. 头肩顶

形态释义

头肩顶的曲线犹如人的两个肩膀扛着一个头一样，因此被称为头肩顶。头肩顶是最为常见的倒转形态之一。头肩顶是在上涨行情接近尾声时的看跌形态，它是股市反转信号，预示股价将下跌，头肩顶图形以左肩、头部、右肩以及颈线构成。在头肩顶形成过程中，左肩的成交量最大，头部的成交量略小些，右肩的成交量最小，成交量呈递

减现象。

头肩顶形态的形成过程是：股价从左肩处开始上涨，当上涨至一定高度以后因为获利回吐又跌回原位，然后因为后市仍被投资者看好，股价又开始在跌宕中继续攀升，此时的股票交易再度活跃，股票的成交量也在不断放大。随后，股市回升，股价上涨，股价经过持续上涨能够超过之前左肩高度的价格，至此形态的头部形成，但因为此时买盘的动力不足导致股价回落下跌到原位。之后经过整理后开始第三次上涨，当涨幅达到左肩高度形成右肩后开始第三次下跌，这次下跌的杀伤力很大，股价很快跌穿整个形态的颈线并不再回头，头肩顶形态最终宣告形成。

头肩顶是一种见顶信号，在实际操作中，一旦头肩顶正式形成，股市股价下跌几乎成定局。一根中阴线使多方赖以生存的颈线被击破，股价收于颈线下方，头肩顶已基本成立，行情走到这个地步，投资者应该认识大势，止损离场是目前的最佳选择。

实战要点

投资者在实战中操作时要时刻关注以下几点：

在操作中，当某一股价形成头肩顶雏形时，就要提高警惕，引起高度重视。在股价还没有跌破颈线之前，投资者可以先卖出手中的一些筹码，将仓位减轻，日后一旦发觉股价跌破颈线，就将手中剩余的股票全部卖出，退出观望。

上涨时要放量，下跌时量可放大，也可缩小，对头肩顶这种形态来说，先是用很小的量击破颈线，然后再放量下跌，甚至仍旧维持较小的量往下滑落也是常有的事。投资者对此一定要有清醒的认识。

头肩顶对多方杀伤力度的大小，与其形成时间长短成正比。这里需要我们注意的是，在头肩顶的研判中，周 K 线图以及月 K 线图中出现的头肩顶与 K 线中出现的头肩顶现象一样重要，也要引起投资者的高度重视。如果周 K 线图、月 K 线图形成头肩顶走势，说明该股中长期走势已经转弱，股价将会出现一个较长时间的跌势。

一般情况下，头肩顶形态突破颈线后有两种走势，一是股价在突破颈线之后回落下跌，此时就会产生两个明显的卖出点；二是股价在突破颈线之后一路下跌，形成一个明显的卖点。通常，在股价冲破颈线 3 天之后还是不能收于颈线的上方，这样才算真正形成头肩顶形态。

案例分析

如图 4-5 所示，鸿利光电（300219）2014 年 3 月 20 日形成左锋，此时成交量有所提高，随后随着股价回落，成交量也逐步减少，由此图可见，股价于 4 月中旬升至日前的最高点，此时，成交量也达到最高。随后经过股市的整理，股价回落，到 5 月初股价又落至低点，随后股价回升形成右锋，至此，头肩顶形态形成。

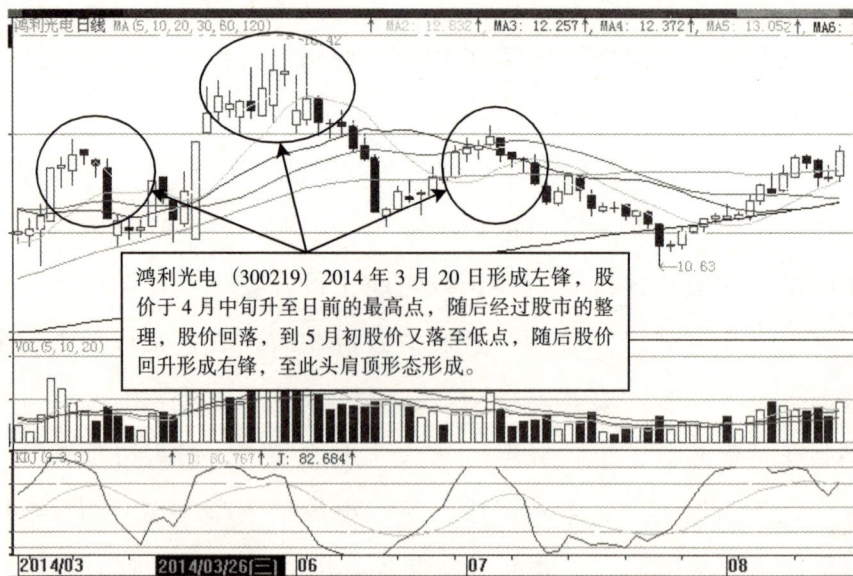

鸿利光电（300219）2014 年 3 月 20 日形成左锋，股价于 4 月中旬升至日前的最高点，随后经过股市的整理，股价回落，到 5 月初股价又落至低点，随后股价回升形成右锋，至此头肩顶形态形成。

图 4-5　鸿利光电（300219）

头肩顶是一个不容忽视的技术性走势，我们这里从多空双方的激烈争夺来分析该形态的形成过程。

一般情况下，在股价上涨初期，股市中被看好的力量不断在推动股价上升，市场的投资情绪日益高涨，随之而来的还有成交量的剧增，经过一次短期的回落调整后，那些错过上次升势的人在调整期间买进，股价继续上升，而且攀越过上次的高点，表面看来，市场仍然健康和乐观，但成交量却明显大不如前，这反映出买方的真实力量其实是在减弱中。同时之前错过高点获利的投资者，以及想在回落低点持股买进的人均纷纷卖出，导致股价的二次回落。第三次的上升，为那些后知后觉错过了上次上升机会的投资者提供了机会，但股价此时已无力升越上次的高点，而成交量进一步下降时，差不多可以肯定过去看好的乐观情绪已完全扭转过来。未来的市场将是疲软无力，一次大幅的下跌即将来临，过去的长期性趋势已扭转过来。

如图4-6所示，金风科技（002202）自5月股价上涨以来及持续上扬，成交量也随之有所提高，至6月初形成第一个小高峰，成为左锋，此时的成交量达到最大。随后，股价有所回落，成交量随之递减，

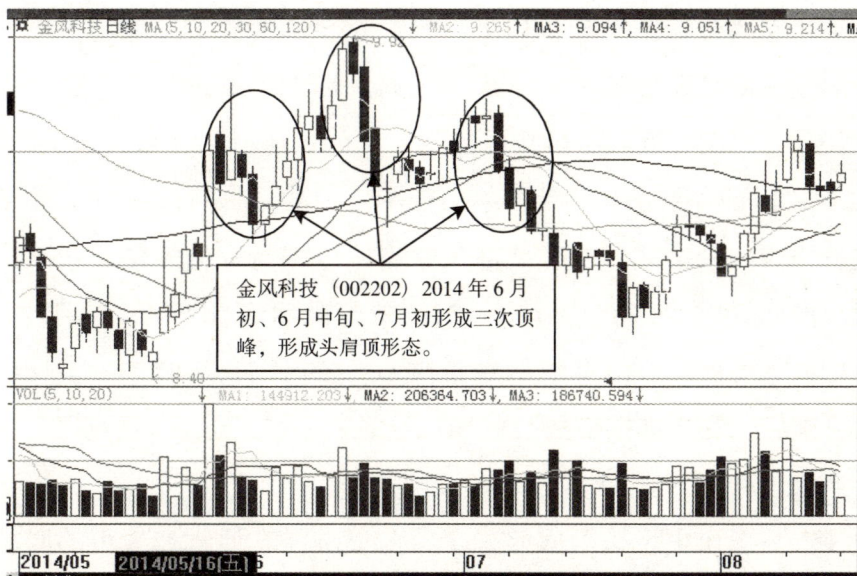

图4-6　金风科技（002202）

经过持股双方对战，股价于 6 月中旬形成最高峰，但此时的成交量并没有达到最大。由图 4-6 可见，随后股市回落又上升，于 7 月初形成第三次高峰，至此一个完整的头肩顶形态就形成了，随即股市开始出现下降趋势。

2. 头肩底

形态释义

头肩底，顾名思义，头肩底是指酷似人头及人肩形状的 K 线组合形态。头肩底是一种上升形态，在形状上它和头肩顶的形态相反，又称"倒转头肩形"。

头肩底的曲线犹如倒置的两个肩膀扛一个头，与头肩顶正好相反。股票价格从左肩处开始下跌至一定深度后弹回原位，然后重新下跌超过左肩的深度形成头部后再度反弹回原位；经过整理后开始第三次下跌，当跌至左肩位置形成右肩后开始第三次反弹，这次反弹的力度很大，很快穿过这个形态的颈部并且一路上扬。头肩底为典型的牛态入市信号。

头肩底的分析意义和头肩顶一样，它预示着股市的反转信号，告诉我们过去的长期性趋势将结束。头肩底形态中股价行情一次再一次地下跌，第二次的低点虽然较先前的一个低点还低，但很快掉头回升。在接下来的下跌趋势中，股价不会低于之前的最低点水平，此后又获得支持股价回升上涨，这样能够反映出股市中看好的力量正在逐步改变股市的运转趋势。在实际中，当股价打破两次反弹的高点阻力后，股市中显示看好的一方此时已经将对方完全击倒，这时买方市场已代替卖方市场，完全占据市场有利地位。

实战要点

在实际操作中，头肩底是一个转向形态，它通常在熊市的底部位置出现，当头肩底颈线突破时，就是一个真正的买入信号，虽然价格

和最低点比较已上升一段幅度，但升势只是刚刚开始，尚未买入的投资者应该继续追入，其最少幅度的量度方法是从头部的最低点画一条垂直线相交于颈线，然后，在右肩突破颈线的一点开始，向上量度出同样的高度，所量出的价格就是将会上升的最小幅度。

案例分析

如图4-7所示，新黄浦（600638）自2014年5月以来股价持续下跌，并于5月中旬出现一个左低点，此时的成交量也是极度减少，之后股市回冲开始上扬于6月达到一个最高点，随后股价又开始回落，并在6月中旬以及7月中旬分别形成两个股价的低点，组成头肩底形态。由此图可以看出头肩底形态之前股市看跌，之后股市看涨。所以说头肩底形态预示股价即将出现反转。

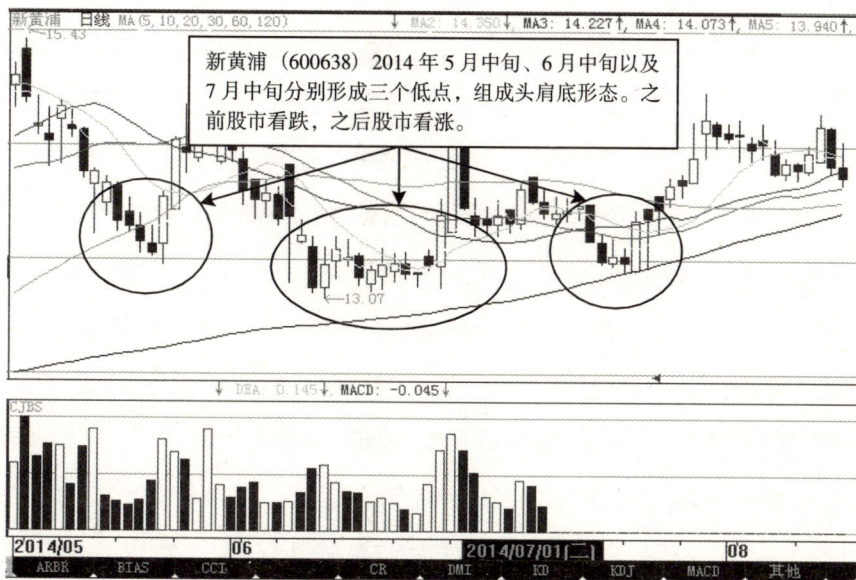

图4-7　新黄浦（600638）

第三节　圆弧顶与圆弧底

1. 圆弧顶

形态释义

圆弧顶与圆弧底是两种常见的反转形态，投资者及市场分析人士均相当重视对其的研判。在头肩顶形态的形成当中，股价起伏波动较大，反应多空双方争斗激烈，在突破颈线后，形态成立，而圆弧顶及圆弧底形态的形成则是渐进的过程，市场多空双方势均力敌，交替获胜，使股价维持一段较长时间的盘局，最终才会出现向上或向下的反转行情。

圆弧顶形似一个弧面朝上的圆弧，它出现在大幅上涨后的高位区，准确清晰地勾勒出了多空力量循序渐进的渐变过程。圆弧顶的前期表现为个股在涨势中出现滞涨，但是股价重心仍有缓慢上移的迹象，此时多方力量已经难以快速推升个股上涨，会引起股市较多的抛盘。随后，在抛压渐重的情况下，个股的股价重心开始慢慢下移，慢慢地转变为快速的破位下行时，这样一个完整的圆弧顶线图就形成了。

实战要点

在实际操作中要注意股票在圆弧顶形态中应逢高卖出。尤其要特别注意的是：圆弧顶一般出现在绩优股中，所以持有绩优股的投资者心态比较稳定，使得股市中多空双方力量较为均衡，所以很难发生剧烈的变化，由此主力便会在股市高位区慢慢派发，这样一来，K 线形成圆弧，这也是它并不像头肩形成如此剧烈的原因；在顶部形成过程中，股票成交量也随之增加，呈现出大而不规则的形态。一般情况下，

圆弧顶形态在股价上升时成交量增加，在上升至顶部时反而显著减少，在股价下滑时，成交量又开始放大；在圆弧底末期，股价缓慢盘跌到一定程度，引起持股者恐慌，会使跌幅加剧，常出现跳空缺口或大阴线，此时是一个强烈的出货信号，投资者应选择果断离场。

案例分析

如图4-8所示，浪潮软件（600756）自2014年5月以来股价就持续上扬，直至6月中旬，速度平稳，整个形态就像一个圆弧状，以为位于高位区，股价又一直在上扬，因此可以称为圆弧顶形态。该股持续上涨，并于23日达到股价最高点，随后股价缓缓下降，股市呈下跌趋势。

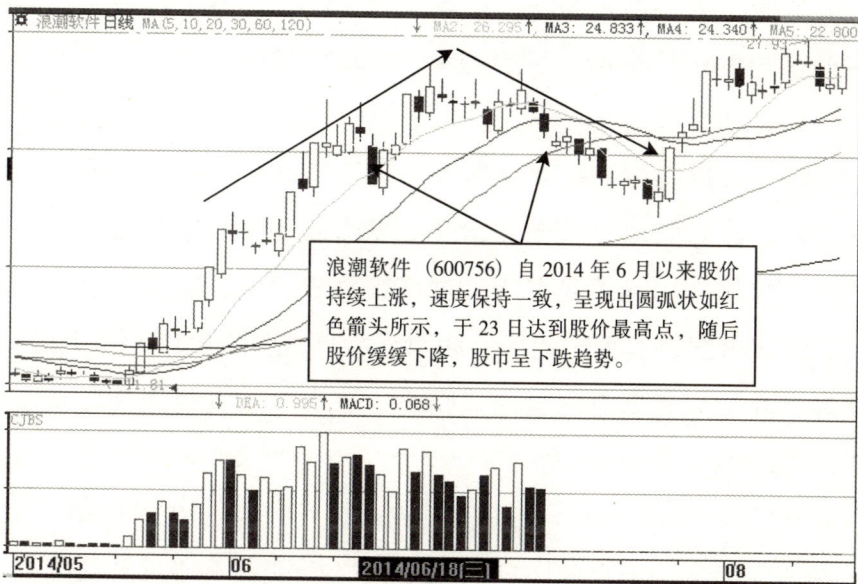

浪潮软件（600756）自2014年6月以来股价持续上涨，速度保持一致，呈现出圆弧状如红色箭头所示，于23日达到股价最高点，随后股价缓缓下降，股市呈下跌趋势。

图4-8　浪潮软件（600756）

2. 圆弧底

形态释义

圆弧底，顾名思义是指K线在一段时间的连续走势中，连线呈圆弧形的一种底部形态。圆弧底常出现于交投清淡的个股中，耗时几个月甚至更久，因此具有相当大的能量。这往往是主力资金进行长期建仓的过程，通常是中长期底部。圆弧底形态也属于一种盘整形态，多出现在价格底部区域，是股价下跌中进入极弱势行情的典型特征，其形态表现在 K 线图中宛如半球形。

圆弧底形态形成之前，股市必定经过长时间的股价下跌，正是因为价格经过长期下跌，此时卖方的抛压逐渐消失，而空方的能量已基本上释放完毕，许多高位深度套牢盘，因价格跌幅太大，只好改变操作策略，继续长期持仓不动。但由于短时间内买方也难以会集买气，价格无法上涨，加之此时价格元气大伤，价格只有停留在底部长期休整，以恢复元气，行情呈极弱势。持仓人不愿割肉，多头也不愿意介入，导致股票价格陷入僵局，震幅小得可怜，此时，价格便会形成圆弧底形态，该形态也被称之为价格"休眠期"。

实战要点

在圆弧底形态中，由于多空双方皆不愿意积极参与，价格显得异常沉闷，这段时间也显得漫长，在形态内成交量极小。目前，许多大型的投资机构利用圆弧底形态来进行股票的吸货，一般其炒作周期比较长，因此继圆弧底形态之后，股票将会呈现大幅度的回升上涨趋势。投资者如在圆弧底形态内买进，则要注意大型投资机构在启动价格前在平台上的震仓。

在实际操作中，投资者应积极应对，选择最佳买入时机。首先，因为圆弧底形态的周期长、耗时久，所以投资者不要过早地介入；其次，投资者在买入股票之前还要确认股票成交量的底部已经形成；再次，要在连续几日温和放量收阳线之后；最后，如果在圆弧底形成末期出现整理平台，则应在成交量萎缩至接近突破前成交量水平时及时抢进。

案例分析

如图 4-9 所示，贵航股份（600523）自 4 月以来，股价上下浮动，在小范围内波动，该股于 5~7 月呈现出圆弧底形态，由此图可见，股价于 6 月中旬开始缓慢回升。图中黑线为股价变化弧线，股市自 7 月出现上扬趋势。

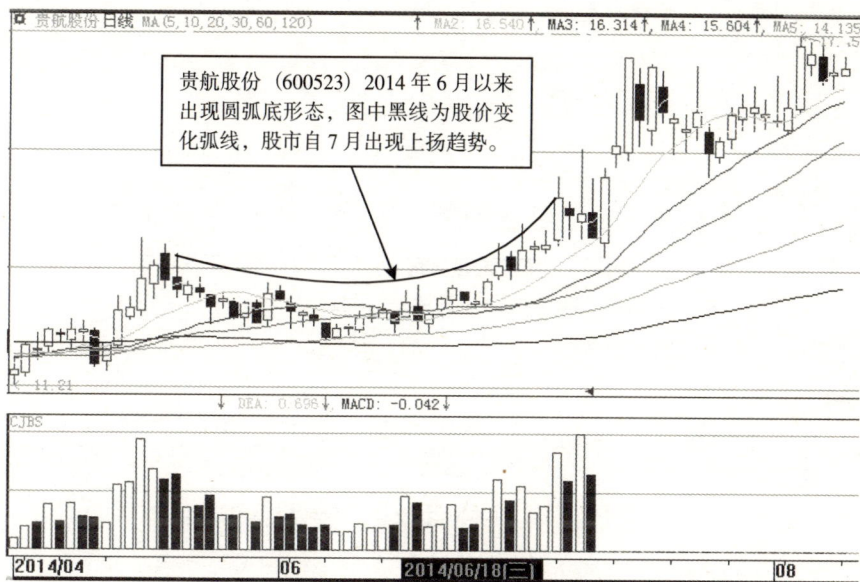

图 4-9　贵航股份（600523）

股票在经过长时间股价下跌之后出现的圆弧底形态，一般都是由较长时期的筑底而来，这个周期可达几周、几月甚至几年；在形成圆弧底后，股价可能会反复徘徊形成一个平台，这时候成交已逐渐增多，在价格突破平台时，成交量须显著增大，股价才会加速上升。

如图 4-10 所示，大马股份（002122）自 2014 年 5 月以来，股价长期处于低位，阴阳交错，小范围内起伏波动，底部股价波幅小，此时成交量也是极度萎缩，一直无法提高，当盘整到尾段时，成交量呈缓慢递增，由此图可以看出，股价于 6 月开始走向上涨，股市反转。

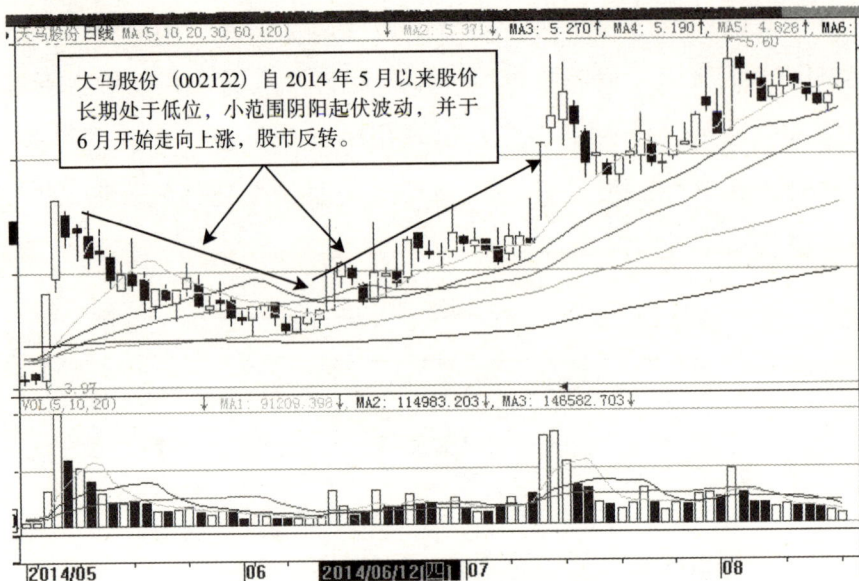

大马股份（002122）自2014年5月以来股价长期处于低位，小范围阴阳起伏波动，并于6月开始走向上涨，股市反转。

图 4-10　大马股份（002122）

第四节　分手线与约会线

1. 分手线

形态释义

分手线是市场调整形态的一种，它由两根 K 线组成，这两根 K 线具有相同开盘价，并且两根线颜色正好相反，它预示股市的原势继续，分手线与约会线的形态完全相反。

实战要点

一般情况下，第一天线的颜色与市场原有的发展趋势相反，第二天线的颜色和第一根 K 线的颜色相反，并且第一天 K 线的开盘价和第二天 K 线的开盘价一致。分手线代表市场交易者的心理状态为：在市

场处在上升阶段（下降阶段）时，出现一根大阴线（阳线），让交易者对目前的市场出现了猜疑，交易者对市场不再信心十足了，但是第二天的高开与第一天一样的开盘价，这就又激起原来趋势方向交易者的信心，继续买入（卖出），让市场沿着原来的趋势方向继续前进，而市场的趋势也并没有因为一次调整而改变，市场内原来趋势方向的交易者的队伍更加坚定地看多了。

案例分析

如图 4-11 所示，粤高速 A（000429）在经过一段时期的上扬之后，在 7 月 25 日出现分手线，由此图可以看出，25 日的阴线开盘价与 26 日的开盘价一致，之后股市持续上扬。

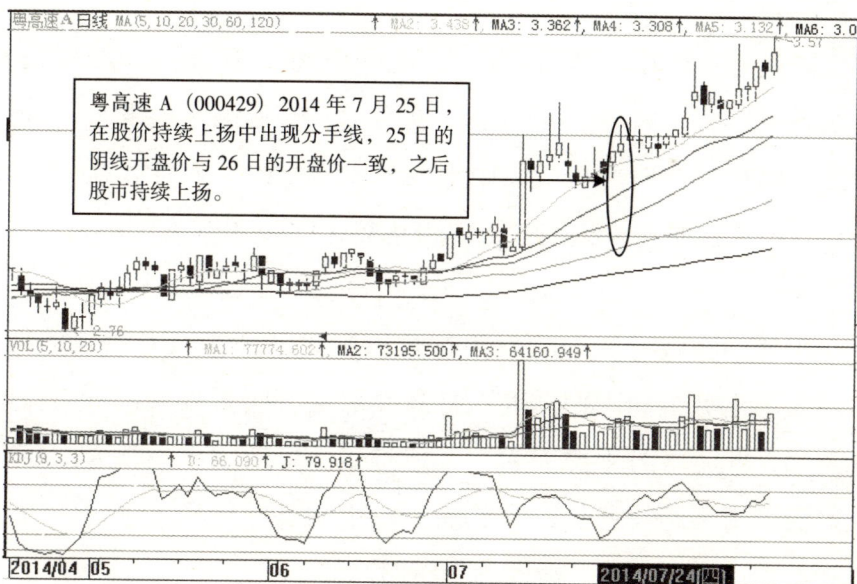

图 4-11　粤高速 A（000429）

2. 约会线

形态释义

当两根颜色相反的蜡烛线具有相同的收市价时，就形成了一个"反击线形态"，也称为"约会线形态"。

反击线形态既可以出现在下降趋势中，也可以出现在上升趋势中。因此可以分为阳线约会线和阴线约会线两种。在下跌趋势中，第一天为一根长长的阴线，次日，股市的开盘价迅速地向下跳空。在这种情况下，股市中卖方自然具有很强的信心。但是好景不长，随后买方发动积极反攻，将市场价格又重新推了上来，此时股价又重新回到前一天的开盘价格。于是，先前的下降趋势马上被制止，而此时的形态反映在 K 线图上就称为阳线约会线。相反地，在上升趋势中，第一天拉出一根阳线，第二天拉出一根阴线，股价在开始时一路走高，可到收盘时又会重新回到前一天的收盘价格，这种形态反映在 K 线图上则被称为阴线约会线。

实战要点

在阳线约会线中，股价在低位拉出中阴线，使做空动能得到了进一步的释放，次日股价低开高走，说明空方已是强弩之末，在低位受到了多方的反击。股价最后以中阳或长阳线报收，而且收在阴线的收盘价位，不仅说明了多方当日已取得优势，同时还有见底回升的意义，后市看涨。

在阴线约会线中，股价在高位拉出阳线，这是强者恒强的特征，此时尚看不出见顶的端倪。但次日高开低走表明多方欲振乏力，做多动能衰竭，此时空方乘虚而入，大肆打压。最后收出一根大阴线，空方取得股市市场绝对优势，这代表着股市的反转即将来临，股市后期股价将看跌，至少也会在短期内有所回调。

案例分析

如图 4-12 所示，央企 100（399927）2014 年 5 月以来，股价小范围波动，成交量也是不增不减，到 7 月 9 日拉出一根长阴线，虽然股价有下跌之象，但并未影响股价整体的上升趋势，10 日出现的阳线其收盘价与 9 日阴线保持一致，形成阳线约会线，随即此阳线带动

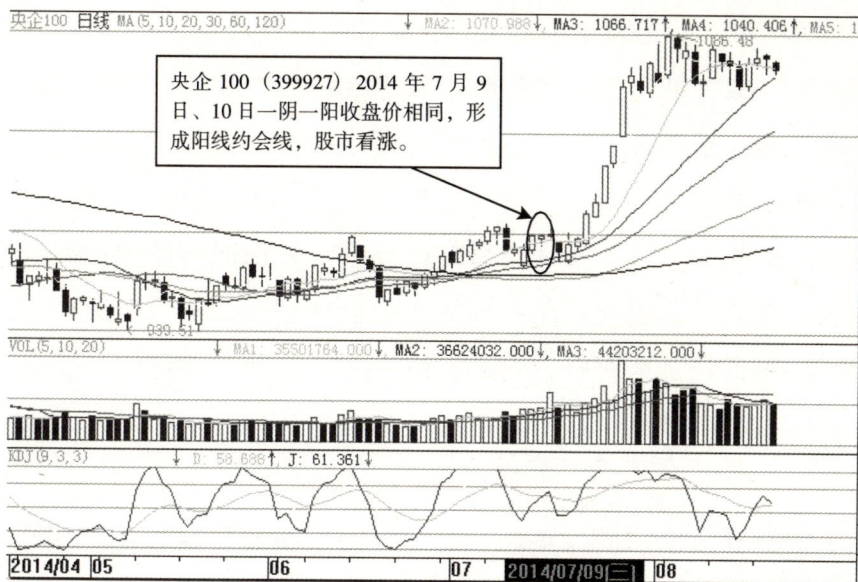

图 4-12 央企 100 (399927)

股价持续上涨，由成交量的剧增也可看出，阳线约会线出现后，后期股市看涨。

第五节 横盘形态

形态释义

在股市中，股价起伏波动变化，基本的趋势就是上涨、下跌以及横盘整理。横盘形态是指股价在一段时间内保持基本稳定，并且上下波动范围狭窄，幅度很小，主要呈现股价在一个时间段内的震荡整理。

一般在横盘形态的情况下，投资者很难把握股市的运行趋势。因此投资者需要深刻地了解股价横盘的变化情况，只有这样才能够做到顺势而为。横盘形态属于中继形态，在技术分析理论里称为箱体形态，也就是说，股价处于何种趋势时，如果此形态在趋势中出现，代表着股价还会继续原有的趋势运行。

形成原因

一般情况下，横盘整理行情是由以下三种情况形成的：下跌行情形成的横盘整理；收敛三角形形成的横盘整理；上涨行情形成的横盘整理。横盘整理行情突破方向的形成概率：横盘整理往往是变盘的前奏，特别是股价经过一定下跌过程后的横盘整理，很容易形成阶段性底部。

下跌行情形成的横盘整理行情结束时，绝大多数情况将选择向上突破，其概率约占 90%左右；一般由收敛三角形所形成的横盘整理形态，股价当天的上涨高点不断下移，而且股价下跌的低点也在不断地抬高。这种形态在大多数情况下会延续原有的趋势选择突破方向，只有 1/4 的概率会演变成与原来运行趋势相反的走势；上涨行情形成的横盘整理是最为复杂的整理行情，其最终的方向性选择具有相当大的不确定性，必须根据量价特征，并结合技术分析手段进行具体的研判。如果横盘走势是诞生于下跌趋势的行情中，而且股市横盘整理时间保持在 5~15 天，此时股价往往具有强有力的向上攻击的力度。但是，一般情况下，如果横盘形态时间过长，则会影响股市的反弹动力，这样也很容易导致横盘整理形态最终向下破位。

四种类型

横盘具有多种类型，横盘不仅出现在头部或底部，也会出现在上涨或下跌途中，根据横盘出现在股价运动的不同阶段，我们可将其分为：上涨中的横盘、下跌中的横盘、高位区横盘、低位区横盘四种情形。

上涨中的盘整：通常上升以后的横盘整理行情的成交量处于不明显的萎缩状态或略微放大的状态，表明股市中的部分主力正在进行资

金外逃，这样的直接结果就是后期股市的见顶回落。此外，如果随之的成交量是急速萎缩状态，则表明做空动能还不够强大，这样当横盘形态整理行情结束时，后期股市仍有回升上涨的可能。

下跌中的盘整：这种形态出现在前期股价持续下降一段时间之后。其所对应的前一段下跌受利空打击，盘整只是空方略作休息，股价略有回升，但经不起空方再次进攻，股价再度下跌，从成交量看，价跌量增。

高位区横盘：此种横盘形态是股价经过一段时间的上涨后，涨势停滞，股价盘旋波动，多方已耗尽能量，股价很高，而股市中股价的上涨空间是有限的，庄家在横盘形态的头部就已经开始慢慢出货了，这时一旦主力撤退，市场由多方转空方，则股价便会不可避免地持续下跌，向下突破。一般情况下，高位区的横盘整理会以矩形或者圆弧顶的形态表现出来。

低位区横盘：当股市经过长期的持续下跌后，股价会在底位区整理盘旋，加之受利多的影响，股市人气重新聚拢起来，因为股市中的资金始终未曾撤离，因此只要股价不再下跌，投资者就会纷纷进场，由空转多，主力在盘局中不断吸纳廉价筹码，浮动筹码日益减少，上档压力减轻，多方在此区域蓄势待发。一般情况下，低位区横盘形态会以矩形或者圆弧底形态表现出来。

实战要点

一般情况下，股票横盘时间越长，主力吸纳筹码的力度也就越强。投资者一般不会愿意主动买进市场是上涨趋势而个股不涨或者市场为下跌趋势而个股却保持不跌的个股。原因在于：市场趋势上涨而个股不涨，投资者怕失去股市行情，因此会选择大量卖出股票，而市场趋势下跌而个股不跌投资者会怕个股下跌，所以也会卖掉横盘的股票。主力在操作股票时运用横盘形态，不管大盘如何涨跌，只要做到自己手里的股票不涨不跌一路横盘，这样投资者就会很难操作这只股票。

横盘形态中股价在某一阶段位置进行股价的上下波动整理，并没有方向，可以说横盘之后的股市运行趋势是我们都无法预料并掌握的，在实际操作中，有些主力会运用时间去消磨空间，横盘的时间周期非常长，使投资者慢慢淡忘这只股票，一旦主力真的要拉起这只股票，投资者也不会轻易发现，所以像这种形态的股票上涨幅度就会非常大。并且，如果个股在横盘时进行窄幅运行，投资者就算进行操作也没有获利空间，所以一般情况下，横盘整理形态时间越长，股价的震荡幅度就越小，而这样投资者买入的股票在经过长时间的横盘整理后上涨的动能也就越强。

在实际操作中，强势横盘整理的套利注意点：在强势市场中，主力为了维持人气，常常会较为隐秘地调整筹码，发动一些占指数权重较大的板块行情，为市场短线套利带来机会，这样指数权重较大、K线处于低位个股的机会就会较大。所以当遇到这种情况时，投资者操作动作要快，不能过分追高，一般在大盘出现短线下跌时选取 K 线再次高位横向震荡（通常带有上下影线）的个股介入为佳，然后在两根阳线后准备出局。

影响横盘整理的主要短线因素还有内部职工股上市、股东大会、分红派息、同概念新股上市、短线消息及报表公布板块联动等。在实际操作中，准确把握横盘的趋势最重要的是要准确衡量横盘整理存在的意义，尤其面对时间周期较长的横盘形态时，投资者更要准确地分析横盘整理后股市趋势的突破方向，一定要保证准确，一旦方向判断失误，投资者的投资过程就会非常被动。当然，投资者也可以选择观望应对横盘，在蓄势整理后，方向性的突破将会来临。

案例分析

如图 4-13 所示，内地资源（399944）经过一段时间的下跌，自

2014年5月以来进入低位横盘整理，成交量也随之减少，一直到7月底，股价在小范围内上下浮动，经过一段时间的整理，只要股价不再下跌，投资者就会纷纷进场，股市由空转多，主力庄家在盘局中不断吸纳廉价筹码，浮动筹码日益减少，上档压力减轻，多方在此区域蓄势待发，由此图可以看出，该股股价7月24日盘局向上突破。

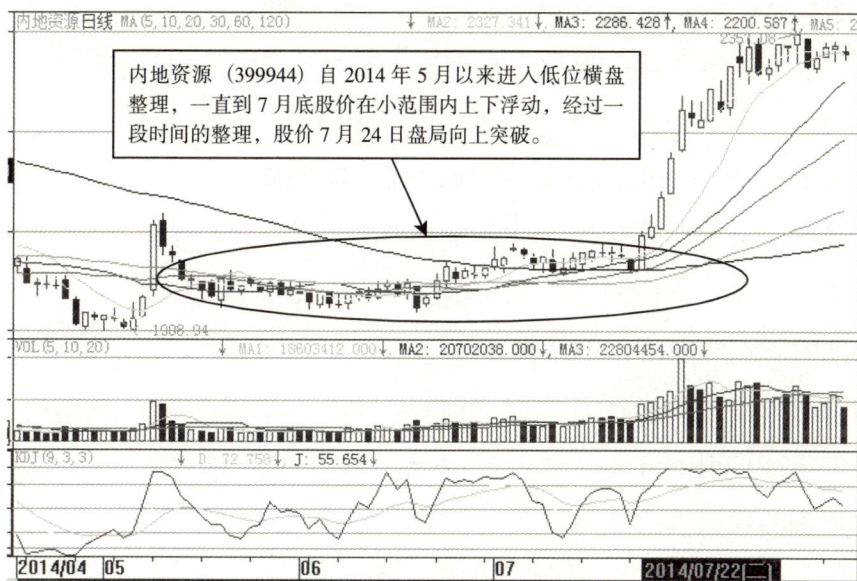

图4-13　内地资源（399944）

第六节　三角形形态

所谓三角形形态：是指股价经过一段时间的快速变动后，即不再前进而在一定区域内上下窄幅变动，等时机成熟后再继续以往的走势，其又分为三种：对称三角形、上升三角形和下降三角形。

1. 对称三角形形态

形态释义

对称三角形又称为等边三角形，一般情形下，对称三角形是属于整理形态，即价格会继续原来的趋势变动。它是由一系列的价格变动所组成，其变动幅度逐渐缩小，即每次变动的最高价，低于前次的水准，而最低价比前次最低价水准高，呈压缩图形。

从水平方向来看，股市价格的变动范围上限为三角形的向下斜线，下限为三角形的向上倾线，这样把短时间内的高点以及低点，用水平直线连接起来，就可以看到一个对称的三角形形态。

对称三角形形态是因为股市买卖双方在该区域范围内势力相当而出现的，并在短期内暂时达到了平衡状态。股价在上升途中由第一个短期性的高点处回落，但又很迅速地被买方消化买进，推动价格回升；但购买的力量对后市没有太大的信心，或是对前景感到有点犹疑，因此股价未能回升至上次高点已告掉头，再一次下跌。在下跌阶段中，那些沽售的投资者不愿意太低价贱售或对前景仍存有希望，所以回落的压力不强，股价未跌到上次的低点便已告回升，买卖双方的观望性争持使股价的上下小幅波动日渐缩窄，形成了此形态。

对称三角形的最少升幅量度方法是当股价往上突破时，从形态的第一个上升高点开始画一条和底部平等的直线，我们可以预期股价至少会上升到这条线才会遇上阻力。至于股价上升的速度，将会以形态开始之前同样的角度上升。

如果股票成交量在对称三角形形态形成的过程中不断萎缩，这说明投资者对股市仍然持有犹豫不决的观望态度，市场获得暂时的沉寂。

实战要点

在实际操作中，对称三角形的初期，股价会持续股市原来的趋势继续移动，只有股价明显突破其中一方的方向后，投资者才可以重新

厘清股市行情，做出相应的选择。如果股价往上冲破阻力，同时成交量也比较大，那么这就是一个短期买入信号；反之若成交量低且股价是往下跌破，便是一个短期卖出信号。

案例分析

如图4-14所示，北部湾港（000582）2014年4~6月出现对称三角形前期股市看涨，该形态由一系列的价格变动所组成，其变动幅度逐渐缩小，成交量随着股价变动幅度也越来越小，由此图可见之后股市仍有上涨趋势。

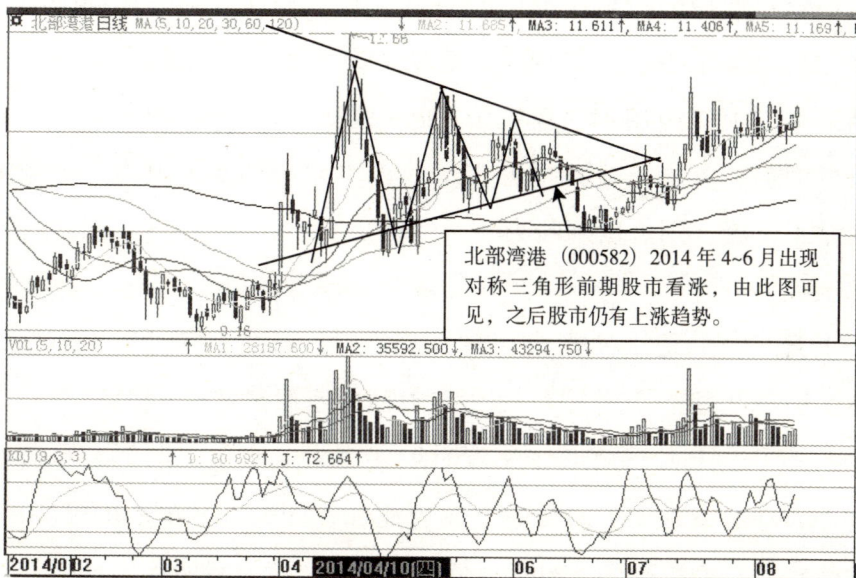

图4-14　北部湾港（000582）

2. 上升三角形形态

形态释义

上升三角形形态是指在回升高点的连线趋近于水平而回档连线的低点，逐步垫高，而形成往上倾的上升斜线，因为在整理形态的末端，往往伴随着攻击量能的扩增，所以往上突破的机会也比较大。

首先，股价在某水平阶段表现出强大的卖方压力，此时股价从低点上涨回升至水平位置便停止，即便如此，市场的购买力却仍然十分强大，以致股价还没有回到上次低点便又开始反弹，这样一来，股价会随着阻力线的波动而渐渐变小，范围变窄，此时我们可以把每一个短期波动产生的高点水平连接起来，便能得到一条阻力线；再将每个短期波动产生的低点水平连接起来，这样就能形成一条向上倾斜的线，称为上升三角形。成交量在形态形成的过程中不断减少。

上升三角形的上边线表示在这条水平线上存在的某种抛压，而这一抛压并不是固定不变的。一般来说，某一水平的抛压经过一次冲击之后应该有所减弱，再次冲击时更进一步减弱，到第三次冲击时，实质性抛压已经很少了。出现这种现象的现实原因就是投资者一致看好股市后期，所以应用到操盘当中，可以理解为：价格向上突破上升三角形的时候，其实不应该拖泥带水，也不会遇到多大阻力，如果突破时非常不干脆，则可以判断为一个假突破。

实战要点

上升三角形是一种整理形态。上升三角形在上升过程中出现，暗示有突破的可能。上升三角形在突破顶部水平的阻力线时，有一个短期买入信号，上升三角形在突破时须伴有大成交量。此形态虽属于整理形态，却有或是向上或是向下的规律性，即上升三角形也可能下跌，因此投资者在向下跌破3%时，宜暂时卖出，待形势明朗。同时在向上突破时，没有大成交量配合，也不宜贸然投入。

案例分析

如图4-15所示，中国船舶（600150）自3月以来，股价在一定区间内上下波动，由此图可见振幅逐渐减小，并于2014年4月、5月、6月分别出现三次顶点，顶点位置大致相同，回档连线的低点，逐步垫高，此时的成交量也比较稳定，形成上升三角形。由此图可以看出，上升三角形出现以后，随即股市出现上扬，股价快速上涨。

中国船舶（600150）2014年4月、5月、6月
分别出现三次顶点，顶点位置大致相同，回
档连线的低点，逐步垫高，形成上升三角形。

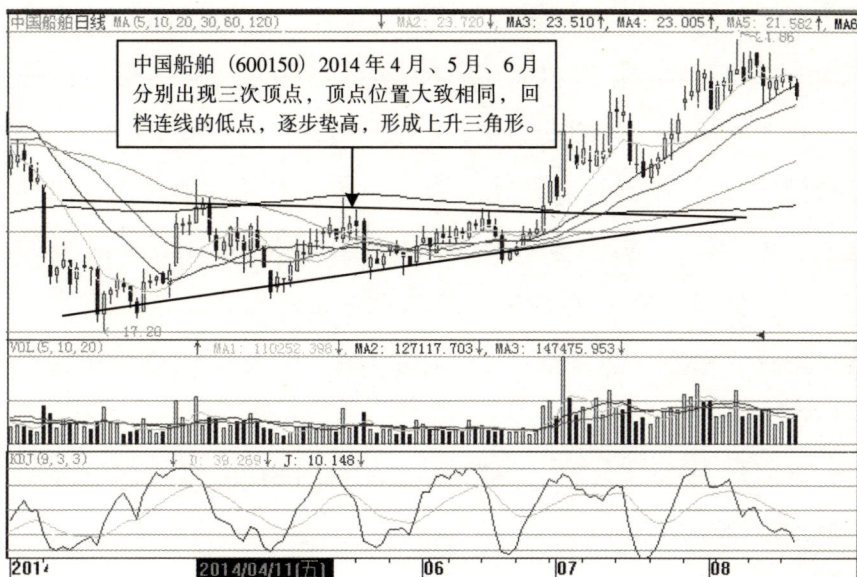

图 4-15　中国船舶（600150）

3. 下降三角形形态

形态释义

下降三角形也属于一种整理形态，一般而言，整理形态都很难辨别其走势的最终方向，但对于下降三角形来说，往往是股市会出现下跌趋势的预兆。下降三角形的成交量一般是逐步递减，直到水平底线被有效突破。

与上升三角形明显不同的是，下降三角形在向下突破时，不需要成交量的配合，即可以无量空跌，当然，若成交量放大则下降动量也会增大。根据资料统计，下降三角形之后出现上涨的案例比例不超过15%。

下降三角形若反过来向上突破，则必须以较高的成交量来进行验证：一般股价在向下突破后，先有一个短期回升，如果回升的力度受阻于底线之下，那么下降三角形才算真正意义上成立。

实战要点

在实际操作中，此形态中股价由上回落到水平位置后，就会立即发生反弹，之后又遇庄家卖盘打压，股价会再度回落到买方的支撑带，而股价的二次反弹所产生的高点会低于前一高点的位置，由此可见，卖方的抛压在较为迅速地压向买方阵地。这样几次下来，买方的斗志逐渐瓦解，并最终突破心理底线。因此在市场上，主力为了打压股价常常采用这种形态，在实际操盘中股市的一些暴跌走势往往就是这种图形形态。

在下降三角形形态中，短期内三个高点的位置是逐渐下降的，并在箱体的底部呈现出同一水平低点的形态趋势。下降三角形是个整理形态，通常出现在下跌的过程中，而且具有往下跌破的倾向，当购买的实力消耗尽时，水平需求线的支持力就会被击破，下降三角形在突破下部水平阻力线时有一个短期卖出信号。此外，下降三角形也有可能向上突破，这里若有大成交量则可证实，另外在向下跌破时，若出现回升，再观察其是否低于底线水平之下，在底线之下则是假性回升。

案例分析

如图 4-16 所示，中恒集团（600252）2014 年 2 月、3 月、4 月低点大致相同，只是回升的顶点在日益降低，形成下降三角形，由此图也可以看出，该股成交量也在逐渐减少，可以看出后期股市看跌。

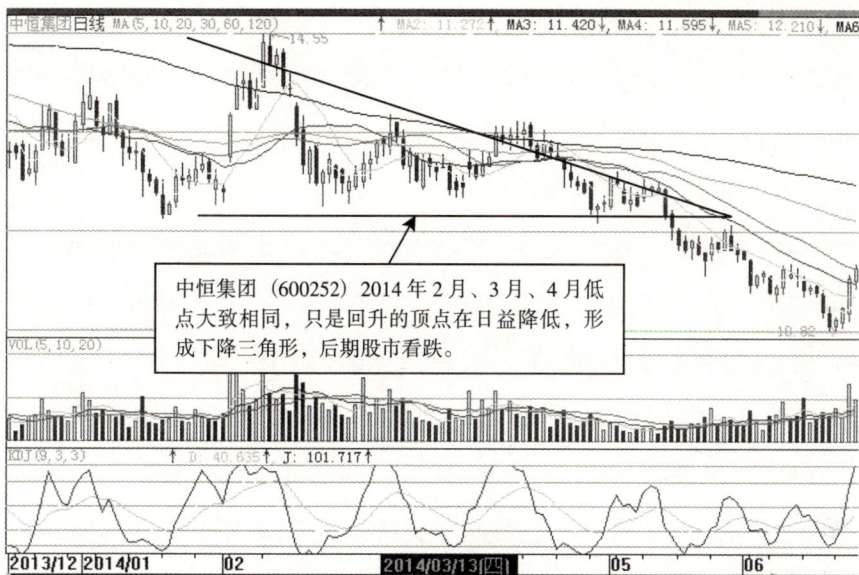

图 4-16　中恒集团（600252）

中恒集团（600252）2014年2月、3月、4月低点大致相同，只是回升的顶点在日益降低，形成下降三角形，后期股市看跌。

第七节　V 形形态与倒 V 形形态

1. V 形形态

形态释义

V 形形态，顾名思义，就是指形态像字母 V 呈现出尖底形状。通常 V 形形态一般在股市行情的底部出现，根据实际情况 V 形形态可分为对称型、加速型及减速型三种。这种形态产生的最主要原因是市场中上升资金强劲的推动力，并且推动力表现出持续的后劲，使投资者信心稳定。

V 形形态走势可分为三个部分：下跌阶段、回升阶段及上升阶段。

下跌阶段时通常 V 形的左方跌势十分剧烈，幅度比较大，而且持续一段较短时间。V 形的底部十分尖锐，一般来说形成该转势点的时间仅需 2~3 个交易日，而且成交量在此低点明显增多。转折点时常在恐慌的交易日中出现。在沪深股市中，V 形一般是由某些利好消息或利空消息引起的，是一种失控的形态。

到了回升阶段，股价开始回升的同时，成交量也随之增加。这种在股价转势点有较大成交量相互配合的现象正是 V 形形态的一个重要特征，并且股票的成交量在图形上表现为倒 V 字形。在实际操盘当中，如果没有大成交量配合的话，则这个 V 形走势也不宜信赖。

所以说，V 形形态是个转向形态，显示过去的趋势已逆转过来。这种反转形态都有一个较为明确的步骤：首先是原来的走势趋缓，市场多空双方的力量渐趋均衡；其次是价格也由先前的走势转为横向徘徊；最后是多空力量的对比发生改变，走势发生逆转。在实际中，V 形形态属于失控的反转形态，因此它的走势方向往往很难被准确地预测，而且股价上下波动范围较大。无论 V 形顶还是 V 形底的出现，都没有一个明显的形成过程，这一点同其他反转形态有较大的区别，因此常常让投资者无暇顾及，难以防备。

实战要点

V 形底有时会演变为延伸 V 形底走势，在成交量与 K 线图一并向上突破延伸 V 形底徘徊区时，可以追买。V 形底没有明确的买卖点，最佳买点就是低位放量跌不下去的回升初期，或是放量大阳转势时。V 形底不易在图形完成前被确认，当遇到形似 V 形底的情况时，如果已经买进的投资者则应随时留意股价的发展方向，保守的投资者，则可等到以大成交量确认 V 形底反转形态时再追买。

案例分析

如图 4-17 所示，腾达建设（600512）自 2014 年 4 月以来股价出现小范围稳定情况，上下波动幅度不大，此时成交量随股价的变化也

是起伏不大，直至 6 月 4 日，股价开始出现下跌情况，并持续至 6 月
9 日，出现一根带有长下影线的中阴线，股价跌至最低，随后拉出一
根阳线，形成尖锐的 V 字形形态，预示股市即将出现反转，由此图可
见，随即股价上涨，股市上扬。

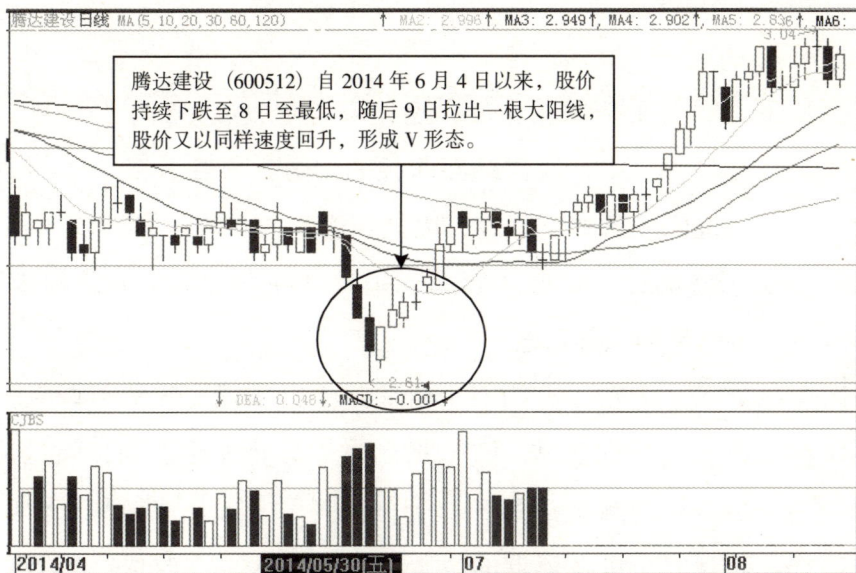

腾达建设（600512）自 2014 年 6 月 4 日以来，股价
持续下跌至 8 日至最低，随后 9 日拉出一根大阳线，
股价又以同样速度回升，形成 V 形态。

图 4-17　腾达建设（600512）

　　在实际中，V 形反转也是值得注意的一环，下跌后形成的 V 形反
转往往极富戏剧性，因为股市下跌时相当迅速，甚至无法控制，导致
市场出现一片恐慌，股价常常跌破重要的支撑位，许多投资者心里不
安，四处打探消息。

　　一般情况下，导致 V 形反转的导火索往往是政策利好消息的出
台。上证指数数次形成 V 形反转大幅上扬，每次都是因为市场上有了
政策利好消息出台的风声——当股价大幅下跌，而且末期出现加速大
幅度下跌之后，乖离率已变得较高；成交量未见大幅萎缩，连续几天
成交量数值都相当，甚至放大；股价下跌幅度高于 50%，而且多道多
方的防线已经被轻而易举地跌破，股市中并没有出现反弹行情的迹象，

这无疑让许多投资者陷入恐慌，但如果识破这一玄机的话，也可以成为最好的机会。此外，股市的 V 形反转形态一旦形成，就会出现股价跌至原有位置，即原来怎么涨现在就怎么跌的走势。可以说，V 形形态上涨时快而猛，而下跌时也会急而深。

2. 倒 V 形形态

形态释义

倒 V 形态与 V 形形态正相反，这种形态是股价一路上升，然后急速下跌，升得多跌得重，快速跌回原地的走势，会在 K 线图上呈现一个"人"字，也像反转的字母 V，因此得名倒 V 形态。此形态的分析方法与 V 形形态的方法类似，形态如果出现在股市的上升阶段末期，则可以研判为股价的顶部形态。

倒 V 形态整体上可以分为三个阶段：上升阶段、转势点以及下跌阶段。在股市的上升阶段中，倒 V 形的左方升势较为强劲，而且持续时间较长；转势点处倒 V 形的顶部十分尖锐，一般形成转势点仅两三个交易日，而且成交量在顶点的位置处明显放大，有时候，转势点就在股市极度兴奋日中出现。在下跌阶段倒 V 形预示股价从高点回落，同样的成交量也随之萎缩。

倒 V 形下跌往往也是因政策而发生变化，导致获利盘纷纷杀出。当大盘已大幅上扬一段时间后，出现加速向上冲刺之势，应警惕形成倒 V 形反转下跌，是随时准备全部清仓的时刻，一旦利空传言满天飞时，应及时全部卖出。

实战要点

一般情况下，倒 V 形形态没有明确的买卖点，倒 V 形形态卖点是高位放量涨不动回落初期，或是高位放量大阴转势时。

案例分析

如图 4-18 所示，中珠控股（600568）自 2014 年 5 月以来股价一

直在低位区波动徘徊，由此图也可以看出，此时的成交量是很小的。经过一段时间的整理后，该股在进入7月初后股价开始回升，至2014年7月12日股市迅速上涨，随后股市看跌，在12日形成锋利的V字转弯，是股市反转的信号，由此图也可看出，股价上扬，股市随之进入牛市。

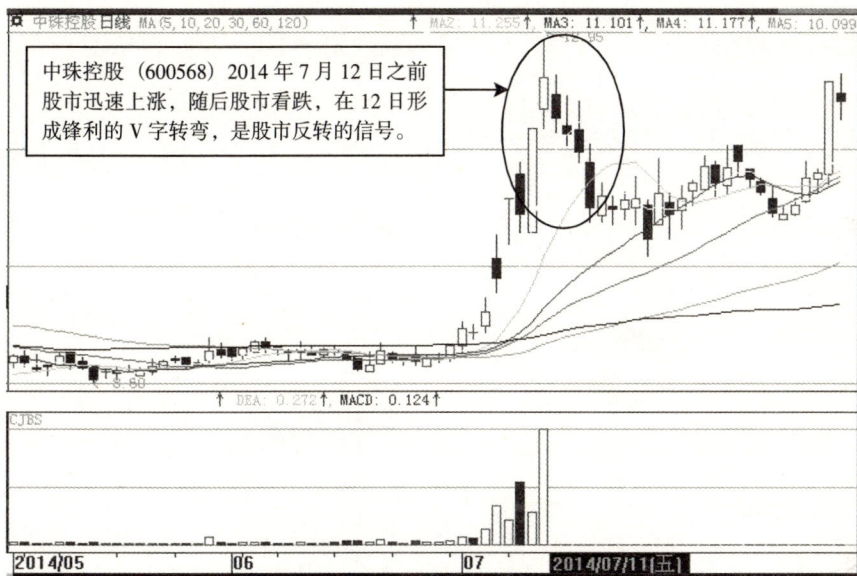

图4-18 中珠控股（600568）

第五章 K线与反转

第一节 认识反转型K线

价格形态包括两种类型，即反转形态和持续形态。其中的反转形态，从字面上可以理解，就是表明市场的趋势正在发生重要转折，从而使之前股价走势中的超买或者超卖现象得以适当恢复。

而反转型K线，顾名思义，就是股价到达某个位置后，K线也会出现某种特定的形态，股价就会反转向上，这样的K线形态就是反转型K线。众所周知，股票市场必须事先存在某种趋势，这样才能为反转形态的产生提供前提条件。这里所指的某种趋势，是指上升或者下降这两种情况。那么，横盘整理时呢？目前，市场对这种情况比较统一的理解为无趋势，既然是无趋势，那么当股市横盘整理时，也就不会出现反转形态的问题，所以，反转型K线也只能出现在上涨和下降趋势当中。

一般来说，股价在当前趋势下出现了反转的信号，代表着的是股价重要的趋势线发生变化，且被有效地突破。这里值得投资者注意的是，即使主要趋势线被突破，也仅仅意味着原来的趋势正在发生改变，并不能说明趋势肯定发生反转，很多时候也可能从原来的上升或者下降趋势，变成横向整理的状况。

第二节　反转形态共有的基本要领

上节提到过，在反转形态出现之前，股市中会先有一定方向的趋势存在，它是反转形态存在的基本前提，而它与反转形态成正比。即反转形态的规模越大，它所预示的反转信号就会越强烈。顶部反转形态所经历的时间通常要短于底部形态的经历时间，而且具有很强的波动性。底部形态的价格范围通常较小，但其酝酿时间较长，交易量在验证向上突破信号的可靠性方面，更具参考价值。在研判反转形态时，我们需要遵循四个重要要领：

要领 1：事先存在趋势的必要性。在我们辨识形态的过程中，正确把握趋势的总体结构，有的放矢地对最可能出现一定形态的阶段提高警惕，是成功的关键。 反转形态之后的趋势与形态之前的趋势不一样，准确地说是正好相反，它才具备了趋势研判的意义。可以说，市场上确有趋势存在是所有反转形态存在的先决条件。因为反转代表一种趋势的转变，因此在股票市场首先要有一定趋势的存在，有明确的目标。之后才能谈得上趋势反转。反映在 K 线图上时，我们可以发现，股价偶尔也会出现一些与反转形态很相像的图形，但是如果这之前并无趋势存在的话，那么这个"反转"也就无意义了。

要领 2：股价突破重要的趋势线预示着这一重要趋势线的反转过程。不过，这一重要趋势线被突破，也并不一定就意味着股价趋势的

必然反转。反转信号究其根本所表示的意义其实是，股市原有的趋势正在发生改变。主要向上趋势线被突破后，或许表示横向延伸的价格形态开始出现，以后，随着事态的进一步发展，我们才能够把该形态确认为反转型形态还是连续型形态。在某些时候，股价重要趋势线被突破与价格形态的完成往往会同步实现。

要领3：价格形态的高度与宽度越大越重要。股价高度意味着此形态波动性的强弱，而宽度则意味着该形态发展全过程的时间消费。相关专著的一句话就是说："引用形态的规模越大——即价格在形态内摆动的范围高度越大，经历的时间宽度越长，那么该形态就越重要，随之而来的价格运动的余地就越大。"

要领4：顶和底的区别。顶部形态与底部形态相比，它的持续时间短但波动性更强。在顶部形态中，价格波动幅度更大，而且更剧烈，它的形成时间也更短。一般情况下，股市底部形态的股价往往会在小范围内波动起伏，但耗费的时间也较长。正因如此，辨别和捕捉市场底部比捕捉其顶部会更容易些，损失也相应少些。不过对喜欢压顶的朋友来说，尚有一点可资安慰，即价格通常倾向于跌快而升慢，因而顶部形态尽管难以对付，却也自有其引人之处。所以，交易商在抓住熊市卖出机会的时候比抓住牛市买入机会的时候盈利会更多一些。不过，较高的风险往往会从较高的回报中获得补偿，反过来一样。顶部形态虽然更难捕捉，却也更具盈利的潜力。

第三节　常见反转形态的 K 线类型

1. 顶部孕线

形态释义

股市在经过一段时期的上涨后，出现一根中阳线，表明股价的猛然上涨，使得获利回吐盘开始涌现，于是在中阳线后出现了一根小 K 线，此 K 线完全包含在中阳线的范围内，这使人们看到了空方开始反击的势头，于是后续抛盘接连出现，导致了慢跌之势。

这根被"孕"在前一根 K 线腹中的线，是阴是阳、有没有影线都不重要，重要的是它是否被包含在前一根 K 线实体内，如果是，则意味着原来上涨的势头开始减弱，只愿向下而不愿向上。此外，要注意被"孕"的线是收在母线的中上方还是中下方，如果是收在中上方，则说明空头下跌势头不强烈，但上涨势头不及过去明显，后市有可能横向整理。

确认原则

顶部孕线的反转形态在出现前，股市会有一段时期的上涨趋势，且股价拉升的幅度越大，当形态成立后它的跌幅就会越深。一般情况下，两根 K 线大小比例越悬殊，可靠性越强。此形态成立后往往是中线杀跌行情，不要轻易抢反弹。小阴线只需包含在大阳线的最高价和最低价范围内，而不要求包含在大阳线的实体内。

操作要点

经过股价大幅拉升以后，这时建仓成本偏低的庄家已从中获得很大利润，于是想办法脱身退出，会花大价钱拉出大阳线，这样才能够

吸引众多跟风者，之后才会在高位进行分批派发，第二天再次选择卖出，收出小阴线。至此，"孕"线的头部已经形成，很难再创出新高位，股价的下降趋势也变得明显，最终成为中线下跌行情。

此形态可靠性强，操作上应迅速、果断。当高位出现大阳线时，如果当天的成交量较大，不断有大笔的买单以及卖单出现，交投也很活跃，这时投资者可以选择先出半仓。如果这时第二天股价低开低走，投资者要果断离场，即便随后几个交易日股价再次出现反弹，投资者也最好不要买进。

案例分析

如图 5-1 所示，北纬通信（002148）经过一段时间股价的持续上涨后，于 2014 年 1 月 21 日出现大阳线，随即出现一根小阴线，完全孕育在大阳线内，形成顶部孕线，随即股市看跌。

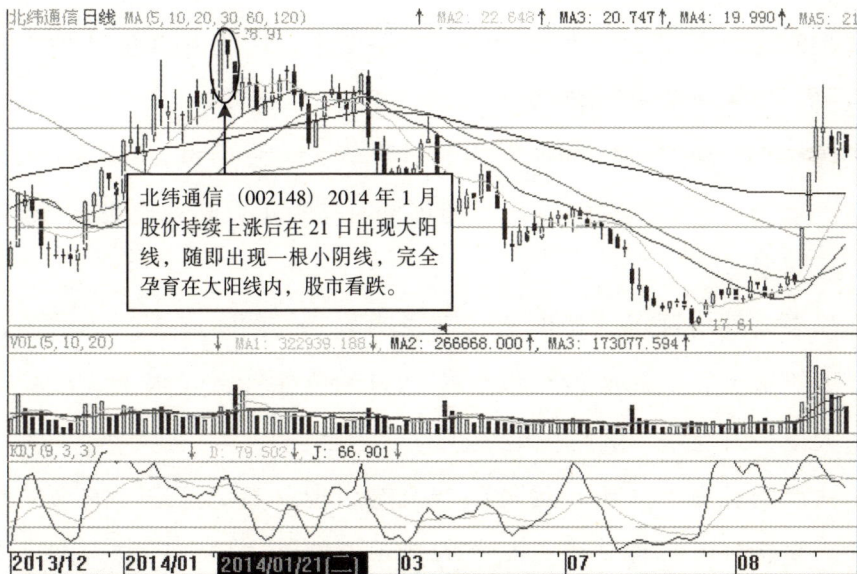

图 5-1 北纬通信（002148）

2. 底部孕线

形态释义

底部孕线也是一种反转组合形态。底部孕线同顶部孕线相反。一般情况下，它是由一根阴线和一根阳线组成，阳线的实体在阴线的实体范围内，且阳线的最高价和最低价也没有超过阴线的最高价和最低价，通常出现在长期下跌的低位区域。

一般情况下，处在双底走势右方低点处的孕线是股市强烈的买入信号，投资者可以选择积极买进，建仓做多。相反，如果高位出现孕线则是明显的见顶信号。

确认原则

一般情况下，此形态前期股价呈下跌走势，第 1 根 K 线为一个长长的实体阴线，它将第 2 天的小实体完全包含起来；在孕线形态中，两根 K 线的实体颜色应该互不相同，但这一点不是一个必要条件，以出现小阳线或者十字星为最好；孕线形态中，两个 K 线的实体大小至关重要，而上下影线的长短，则无关紧要；孕线形态中，第 2 天的 K 线实体越小，整个形态的反转力量就越大；十字孕线，即第 2 天的 K 线为十字线。这类形态出现在市场顶部时，表示反转意愿更为强烈。

操作要点

如果底部出现了这种形态，则说明第 2 天的卖盘会开始减弱，这也提醒投资者，未来股价继续下跌趋势的可能性已经很小，市场此时正在大量积累能量，随时可能出现反转行情。

从市场意义上分析，这种阳孕线的出现，表示多空双方在底部区域的力量达到了一种平衡，空方力量不再能够主导市场的走向。同时多方也积累了一定的能量，正在准备展开向上的行情。投资者若在长期下跌后的低位区域遇到该组合，可以适当建仓买入，或者等到次日股价有继续上升的趋势时买入。

案例分析

如图 5-2 所示，嘉应制药（002198）自 2014 年以来股价持续上涨，进入 3 月虽然股价有所起伏，但整体仍然呈上涨趋势，并于 4 月 10 日拉出一根大阳线，此时伴随着股价剧增，股市的成交量也有所增加，由此图可以看出，11 日拉出一根小阴线形成顶部阳孕阴形态，随即股价开始下降，后期股市看跌。

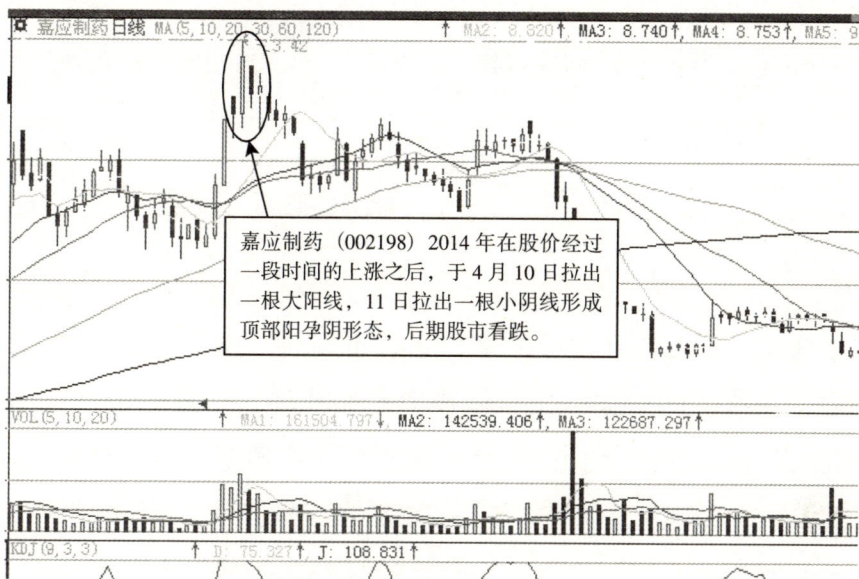

嘉应制药（002198）2014 年在股价经过一段时间的上涨之后，于 4 月 10 日拉出一根大阳线，11 日拉出一根小阴线形成顶部阳孕阴形态，后期股市看跌。

图 5-2　嘉应制药（002198）

如图 5-3 所示，金风科技（002202）经过一段时间的股价上升后，在高位区经过一段时间的整理浮动之后，3 月 26 日拉出一根小阳线，随即 27 日拉出一根长阴线，完全将小阳线孕育在体内，形成顶部孕线，由此图可见后期股市看跌。

3. 平顶线形态

形态释义

股价上升到高位后，出现了两条最高价同值的图线，这两条 K 线，就叫平顶线，又称"镊顶"或"平头顶"。

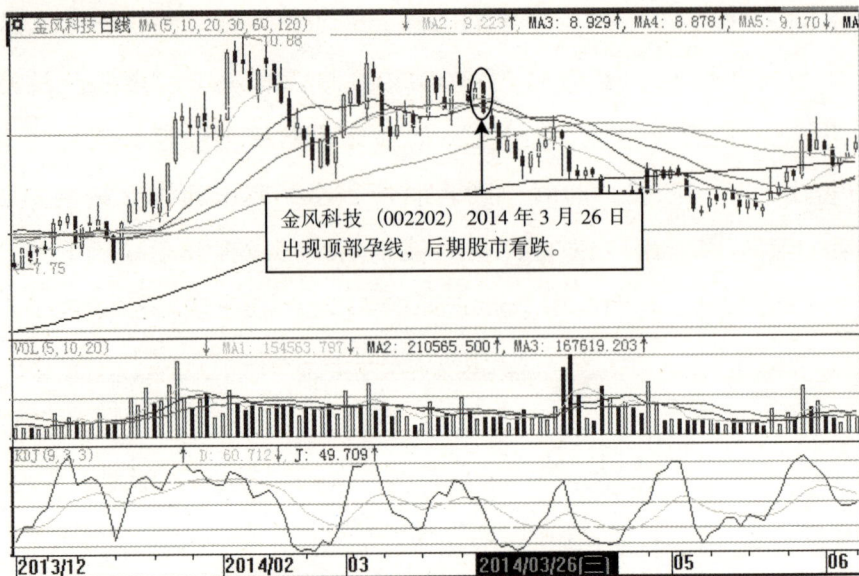

图 5-3　金风科技（002202）

平顶就是指股价在连续上涨之后，市场向上摸了一下顶，被打出了一根上影线，此后多方又尝试摸原来的顶部，结果又被打了回来，甚至还会收几根小阴线。这代表着在原来顶部的抛售压力较大，两次"试图摸高"受阻，预示后市不容乐观。值得注意的是，平顶的 K 线不一定是要相邻的，可以由相隔较近的 K 线来组成，它的意义在于为市场能否突破近期的新高提供参考依据。

确认原则

平顶线的两条线不分阴阳，或前阳后阴，或前阴后阳，或前阳后阳，或前阴后阴，所显示的见顶信号并没有差别，不需要看阴阳来操作，一般来说，处在高位的平顶线是非常可信的见顶信号，一般下跌空间较大。平顶线出现的频率很高，在天顶和波段峰顶的平顶线，是可信的见顶信号，预示股市即将出现反转。

操作要点

平顶线出现的频率比较高，且可以出现在股价走势图中的任何位

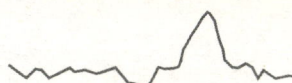

置。不过，对于我们的趋势研判来说，只有具备了一定涨幅，尤其是超过 20% 以上的涨幅时，平顶线短期见顶的可能性才变得非常大。对应的操作策略是：在出现平顶线的当天收盘前卖出。

在个别情况下，第一根 K 线与第二根 K 线之间相隔一两天也可以视为平顶线，只要相隔的两根 K 线同值而且中间没有更高价即可，且这样的图形见顶信号更可靠 。

案例分析

如图 5-4 所示，天奇股份（002009）自 2013 年以来，股价就持续上扬，尤其进入 1 月以来，股价上升速度较快，成交量在此时，也有所增加。由此图可以看出，该股于 2014 年 2 月 18 日出现平顶形态，预示股票后期价格的上扬。

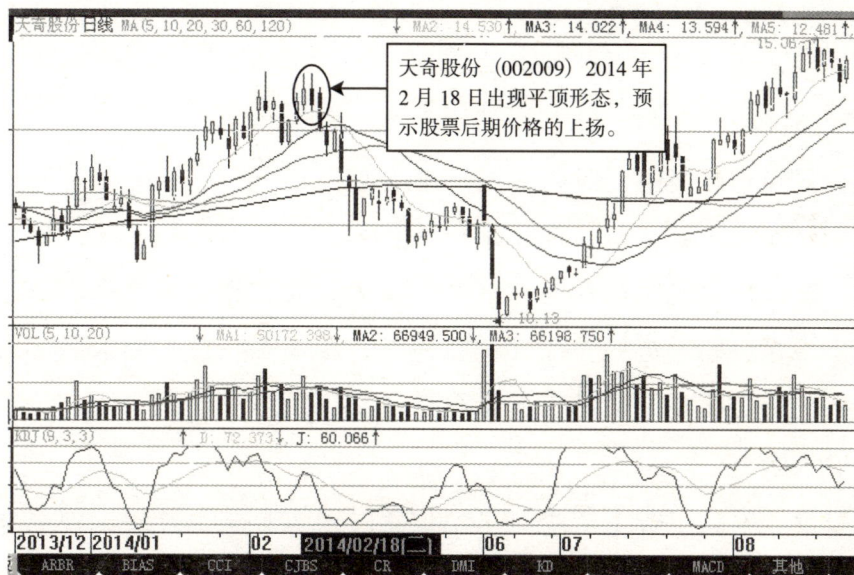

图 5-4　天奇股份（002009）

如图 5-5 所示，华兰生物（002007）2014 年 4 月以来股价持续上涨，15 日拉出一根长上影阳线，此时成交量有所增加，之后拉出一根长上影阴线，一阴一阳形成长上影平顶形态，股市看跌。

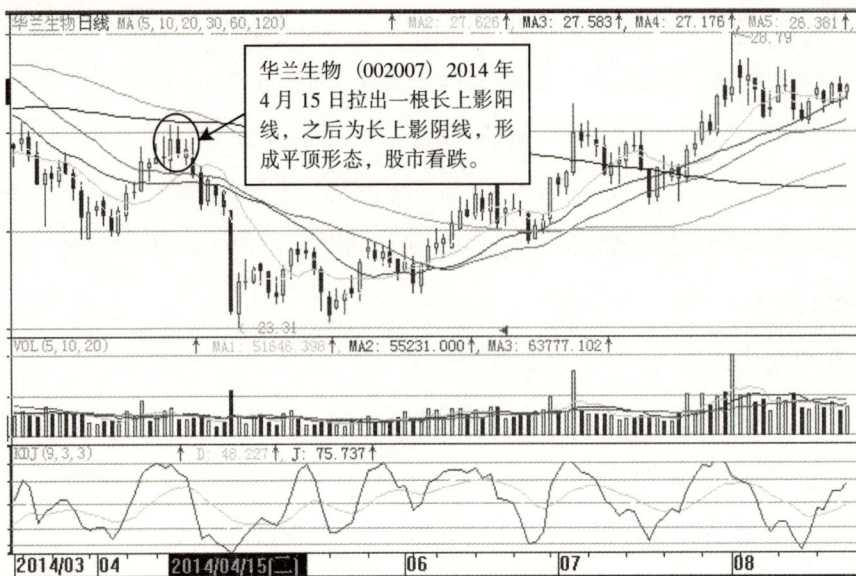

华兰生物（002007）2014年4月15日拉出一根长上影阳线，之后为长上影阴线，形成平顶形态，股市看跌。

图 5-5　华兰生物（002007）

4. 平底线形态

形态释义

在下降趋势当中，股票 K 线下端也就是最低价在某一水平区域平齐的话，便意味着股价在此水平位置获得了连续的支撑，该区域很可能成为股价调整的阶段性底部区域。这里需要注意的是，平底形态一般多出现在股票走势的波段性调整底部，所谓平底也不要求底部百分百平齐，只要求 K 线最低价大体在同一水平位置即可。

确认原则

股价在下跌过程中下跌到某一位置时不再下跌，开始反弹。反弹后再次下跌到这个位置时又得到了支撑，这表明此位置有抄底资金介入，使得股价不再下跌。需要注意的是，股价在这个位置得到支撑、反弹的次数越多，完成的成交量越大，该位置的支撑力度也就越强。

操作要点

投资者遇见平底，应该马上想到该平底是否是见底回升的信号，

特别是在大跌之后的底部更是非常好的买入点。因为当我们看到平底在低价区出现时，往往伴随着其他见底复合的 K 线出现，是我们买入的理论根据，这时买入的成功率一般来说可以达到 100%。如果这种 K 线组合出现在较大的跌势之后，预示着股价反转的可能性极大。当在跌势后期出现这种 K 线组合之后，如果伴随着成交量放大，投资者就可以适量跟进。

案例分析

如图 5-6 所示，美欣达（002034）经过一段时间的低盘整理，在 2014 年 4 月 25~26 日达到最低股价，一阴一阳且持平，形成平底形态，后期股市看涨。

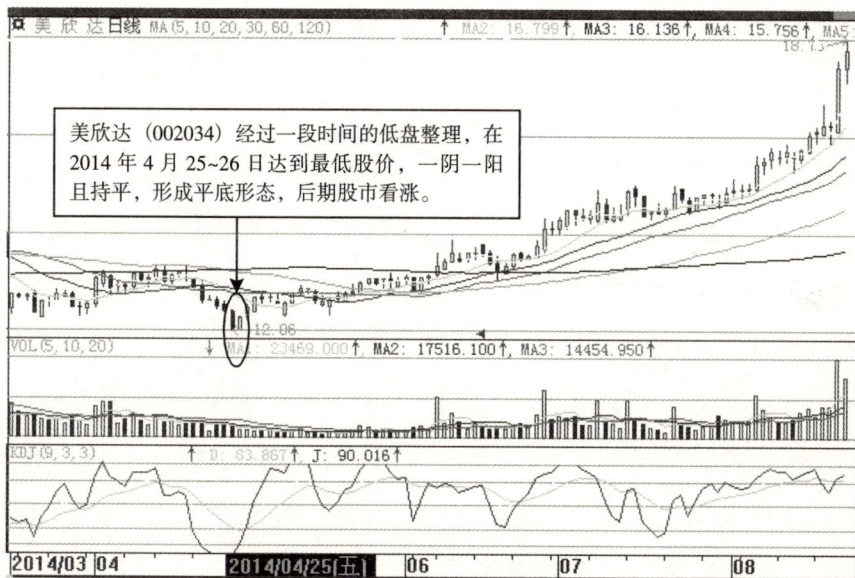

图 5-6 美欣达（002034）

如图 5-7 所示，双景药业（002038）2014 年 5 月以来股价持续走低，至 19 日达到目前范围的一个最低点，之后连续两天都是同一最低价，形成一个平底的形态。由此图可以看出，形态形成之前股价下跌，之后股市看涨。

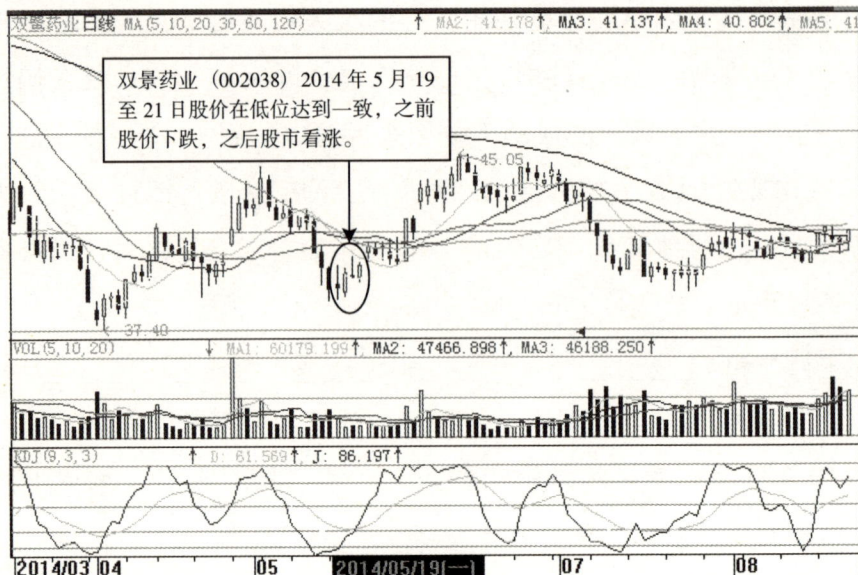

双景药业（002038）2014 年 5 月 19 至 21 日股价在低位达到一致，之前股价下跌，之后股市看涨。

图 5-7　双景药业（002038）

5. 吊颈

形态释义

此形态是由一个 K 线组成，它的实体较短并且只在其一端才有影线，且其影线至少要大于实体长度的两倍。吊颈一般处于上涨趋势的顶部。

一般情况下，下端的影线越长，则市场发生反转的潜力就越大。如果出现吊颈信号的第二天开盘低开的话，那么说明一个强反转即将到来。通常来说，出现吊颈信号当天成交量的放大会增加以后下跌发生的可能性，当然，这一点并不是必要的。

确认原则

影线长度至少要大于实体长度的两倍；真正的实体必须处于市场成交价格幅度的上端。对于吊颈来说，其实体颜色也不重要，但在实际操作中阴线实体比阳线实体对空方到来的信号会更明显一些。此外，此形态没有上影线或者上影线非常小，且第二天市场的情况必须为一

个阴线或者下跌至一个更低的价格，以证实吊颈信号的存在。

操作要点

当某个上涨的趋势被确定后，市场开盘之后价格高开低走。此时，空方处于主导的地位，但是在当天交易即将结束的时候，多头开始发力，并使得收盘价回升到开盘价附近，从而在当天产生一个小实体长下影线的 K 线。这种情况表明，此时依然由买方占据市场的主导地位。然而，K 线中的长下影线却又表示，某种程度上卖方也已经开始进场了。虽然在今天多头仍然能够维持市场价格上升，但其实空头进入市场的趋势已经颇为明显。这样一来，如果第二天市场的情况为低开或者出现阴线的话，则能进一步证明空头正在继续进入市场。

案例分析

如图 5-8 所示，游族网络（002174）股价在上升一段时间后，3 月开始在高位区内整理，起伏并不大，于 21 日出现阴线吊颈线，股市开始下跌。

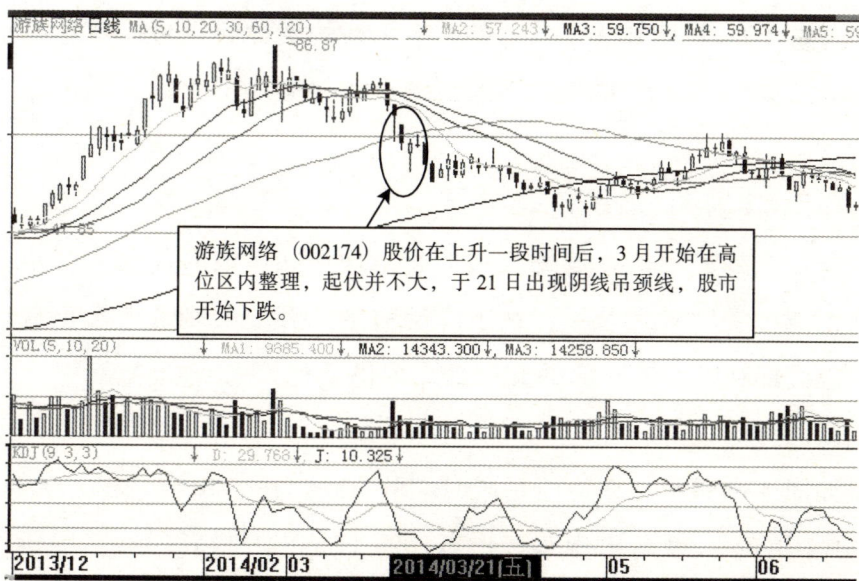

图 5-8　游族网络（002174）

6. 刺透形态

形态释义

刺透形态与乌云盖顶的形态正好相反，它的第一根 K 线为长的阴线，第二根 K 线为低开或平开的阳线，而且收盘价穿越第一根 K 线实体的一半以上。当收盘价穿越实体的比例越高时，这种形态的研判准确性也就越高。

刺透形态其实与看涨吞没形态有所类似，但由于其 K 线的表现不同，且其所表达的看涨反转的程度亦不同，所以要将其区分开来。看涨吞没形态是后面一根阳线将前面的阴线完全吞没掉，即后面一根阳线的开盘价低于前面阴线的收盘价，而收盘价则高于前面阴线的开盘价，其看涨意味更加浓厚。

确认原则

市场处于下降趋势，第 1 天是一根大阴线；第 2 天是一根大阳线，它的开盘价低于第 1 天的最低价；第 2 天的收盘价应该高于第一天大阴线实体的中点。此形态是一种判断市场是否已经形成底部的重要标志，通常出现在下降趋势中。第 2 天阳线的实体收盘价应该达到前一天阴线长度的一半，如果达不到，则市场趋势还不明朗，需继续观察等待。

操作要点

在上升趋势中，有效的刺透形态出现在回调浪底部与主升浪底部的交汇点，提供买入信号；在下降趋势中，有效的刺透形态出现在主下跌浪底部和回调浪底部的交汇处，提供平仓买入信号。

案例分析

如图 5-9 所示，在经历一段时间的下跌之后，深圳慧程（002168）于 2014 年 4 月 28 日出现刺透形态，28 日拉出一根长阴线，股价跌至最低，随后 29 日拉出的阳线超过 28 日阴线实体一半以上，虽然成交深圳慧程（002168）2014 年 4 月 28 日出现刺透形态，29 日阳线超过 28 日阴线实体一半以上，预示信息明显，后期股市看涨。

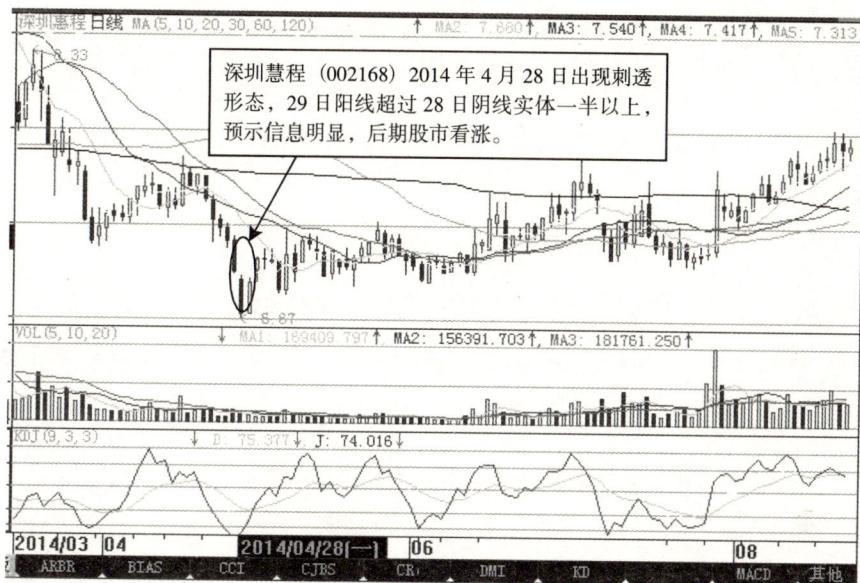

图 5-9　深圳慧程（002168）

量没有显著的变化，但是形态的预示信息明显，由此图可见后期股市看涨。

7. 岛形反转

形态释义

股市持续上升一段时间后，有一日忽然呈现缺口型上升，接着股价位于高水平徘徊，很快价格又再缺口型下跌，两边的缺口大约在同一价格区域发生，使高水平争持的区域在 K 线图上看来就像是一个岛屿的形状，两边的缺口令这岛屿孤独耸立于海洋之上。成交量在形成的岛形期间十分巨大。股价在下跌时形成的岛形形状也是一样。

确认原则

岛形的左侧为上升消耗性缺口，右侧为下跌突破性缺口，是以缺口填岛形反转补缺口，这两个缺口出现在很短的时间内，说明市场情绪化特征明显；高位岛形的顶部对应两侧陡峭的图形形成鲜明对比，有时个股顶部伴随天量的交易日构成或者多空逐步高位盘中搏杀中瞬间出现，这是市场极端情绪化的产物，从其顶部开始成交量呈递减状，并且左侧量为形态中天量，随后几个交易日股价逐步回落；底部岛形反转出现较大成交量是很关键的因素，如果成交量很小，则这个底部岛形反转就很难成立。

操作要点

实战投资中，股指以及个股中局部岛形反转形态可以说是经常出现，笔者提醒投资者应该重点关注底部形态中出现岛形反转，通常这样的趋势对于投资者产生有效性帮助的意义更为重大，甚至可以提前判断股指以及个股的未来趋势。不过仍需要强调，任何情况都有概率大小，底部的岛形反转只是一种大概率事件，不可能每一次底部下跌趋势中出现岛形反转就一定成型，还是需要其他一些辅助分析方法加以配合。

岛形反转是一个孤立的交易密集区，与先前的趋势走势隔着一个竭尽缺口，并且与之后的价格趋势相隔着一个突破缺口。在一波价格走势后，价格在过度预期中跳空，形成竭尽缺口，在整理一日至数日后，价格反向跳空，使整理期间的形态宛如一个孤岛。岛形经常在长期或中期性趋势的顶部或底部出现。当上升时，岛形明显形成后，就是一个卖出信号；反之若下跌时出现这种形态，就成了一个买入信号。

案例分析

如图 5-10 所示，大威视讯（002238）在 4 月 9 日和 18 日分别出现两个缺口，左缺口为上升途中缺口，此时的成交量明显有所增加，右缺口为下降途中缺口，两个缺口之间股价在小范围内上下浮动，形成岛形反转，由此图可见，随即后期股市出现下跌趋势。

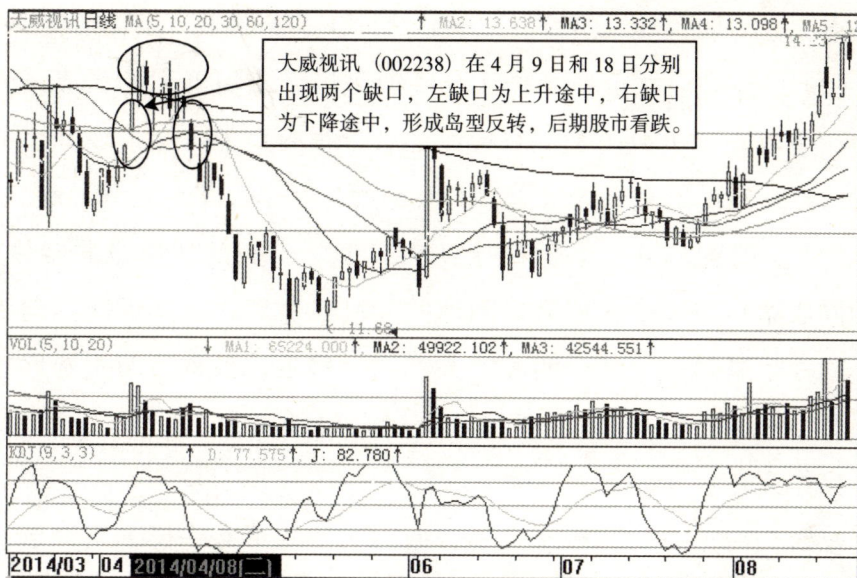

图 5-10　大威视讯（002238）

8. 复合头肩形

形态释义

复合头肩型是头肩式（头肩顶或头肩底）的变形走势，其形状和头肩式十分相似，只是肩部、头部或两者同时出现多于一次。复合头肩形态的最少升幅或者跌幅的量度方法和普通的头肩形态的量度方法一样，复合头肩形态的颈线很难由绘画画出来，因为每一个肩和头的回落部分，并不会全都落在同一条线上。一般情况下连接最明显的两个低点，形成颈线，也有将回落到其价位次数最多的水平接连成颈线的画法。

确认原则

（1）一头双肩式形态的确认：一个头分别有两个大小相同的左肩和右肩，左右双肩大致平衡。有时两肩也可能在头的一侧出现，最常见的是一头双右肩的情况，这是由于在酝酿第一个右肩时，股票价格并没有马上跌破颈线，而是先掉头上扬，不过上扬价格也并未超过右肩高点，之后股价继续沿着原来的趋势向下运行形成。

（2）一头多肩式形态的确认：一般来说，头肩形态的形成具有对称性，所以当一个或两个左肩形成之后，很有可能也会形成一个或两个右肩。从图形上来看，该头肩的左半边与右半边几乎完全对称。

（3）多头多肩式形态的确认：头肩形态中头部的形成非常重要，这期间股票价格会一再回升，到达同样高点位置之后又继而再向下回落，这样也就形成了两个明显的头部，一般也将其称作两头两肩式走势。此种形态下，右肩时股票的成交量会相对减少。

操作要点

复合头肩形态的分析意义和普通的头肩式形态一样，当该形态在底部出现时，即表示一次较长期的升市即将来临；假如在顶部出现，则预示市场将转趋下跌。所以，投资者需要在形成复合头肩形态的早起，也就是股票的成交量还没有较为明晰的规律之时，就要想到是否会出现复合头肩形态。

相对于普通的头肩形态所预示的信号可信度来说，复合头肩形态所预示的股价上升、下跌的信号更为明显。

案例分析

如图 5-11 所示，嘉应制药（002198）自 2014 年 1 月股价开始上涨，在 3 月初期股价上涨至当前最高，随即股价回落，成交量也随之减少，后又开始回升至之前顶点位置，随后又开始下跌形成左双肩，4 月中旬股价开始回升到最高值，超过之前左顶点形成头部，同样的方式该股在 5 月形成右双肩，复合头肩形态形成，由此图可见之前股市看涨，之后股市看跌。

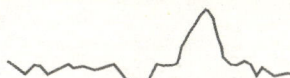

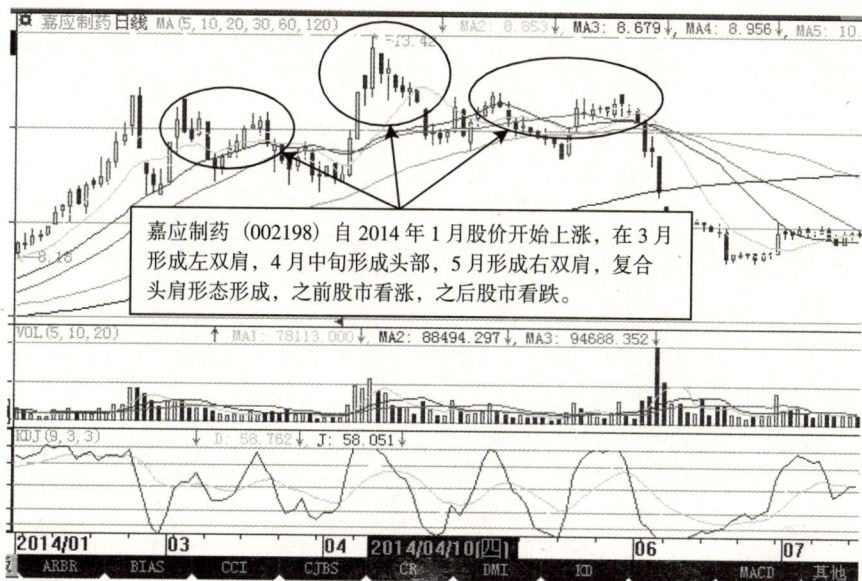

图 5-11　嘉应制药（002198）

嘉应制药（002198）自 2014 年 1 月股价开始上涨，在 3 月形成左双肩，4 月中旬形成头部，5 月形成右双肩，复合头肩形态形成，之前股市看涨，之后股市看跌。

第六章 K线与量价关系

第一节 成交量的形成

成交量和股价是技术分析的最基本要素。其中量是市场运动的原因，价是市场运动的结果。量价关系即是指股票成交量以及股票价格之间的关系，投资者利用这个关系，也就是成交量和股价的走势变化，来研判股市股价的未来走势。所以在观察 K 线图的同时，一定不能忽略成交量的变化。

1. 成交量的含义

成交量是指在单位时间之内，某项交易的成交数量。它是一种供需表现，一般包括成交金额、成交股数等。根据成交量的大小，一方面可以了解得知市场规模的大小，另一方面也可预测、分析参与资金的实力和潜力。因此，成交量就成为了判断股票走势的重要依据，也为分析庄家的行为提供了重要消息。

2. 研究量价关系的意义

我们常说 K 线与成交量具有相关性，但是这并不代表股价的上升下降与成交量的变化存在必然的对应关系。从客观角度上来说，股票价格和股票成交量之间的关系是非预测性的，不过既然股价与成交量的变化之间并不存在必然的因果关系，那么我们为什么还要去研究成交量与股价之间的关系呢？这当然也是有原因的。一般情况下，成交量与股价虽然不存在必然的因果关系，但在某一时段或者某一运行趋势中，成交量与股价却有着很大的联动关系，也就是说，研究成交量与股价的关系，实质上是研究其之间的联动性程度有多高以及其量与价之间相互影响和制约的效果如何，这样能对实盘操作产生指导意义。

第二节　地量地价

形态释义

地量是指股票在一直下跌行情中所创下来的最少成交量；地价是指股票价格在一直下跌行情中所创下来的最低价格。地量地价是指在个股股价出现阶段性新低，并且成交量非常少的情况下出现的现象。地量地价是股票以地价成交并且买卖很不活跃的状态。该现象经常出现在下跌趋势的末期，因此是股票见底的一个重要标志。

通常情况下，庄家此时会不断缩量，慢慢吸筹，直至散户及短线跟风者完全丧失信心，手中没有多少筹码为止。这时跌势才有可能停止，地量地价才可能出现，最终成交量呈现非常低迷的状态。一旦地量出现，就应当引起投资者的注意，下一步就可能出现量增价平的建仓迹象了。

而量增价平是指个股在成交量增加的情况下，个股股价却没有多大的变化，基本维持在一定价位水平上下波动的一种量价配合现象。量增价平现象有可能出现在下跌行情的各个阶段，也可能出现在上涨

行情的各个阶段。如果在上涨行情中，股价经过较长一段时间的上升处在相对高位区时，此时出现量增价平的现象，则表明股价在高位放量滞涨，是庄家出货的信号。此时投资者不应贸然行事，持有股票的交易者应考虑减仓或平仓，而没有股票的交易者最好持币观望。

如果在下跌行情中，股价经过较长一段时间的下跌处在相对低位区时出现了量增价平的现象，则表明股价在低位放量滞涨，此处多为买入信号。但这也不一定意味着跌势的停止，有时庄家为了建仓会对股价进行反手打压，以使更低的筹码出现。因此，小投资者不宜此时进场，而大投资者则可以适度建仓。

案例分析

如图 6-1 所示，冀东装备（000856）股票在经过几日的下跌行情后，成交量不断缩量，最终在 2014 年 6 月 20 日，成交量创下最低水平，股价也创出了最低价位，出现了典型的地量地价现象。地量地价现象的出现，表明下跌趋势已经跌无可跌了，这是市场行为的真实表

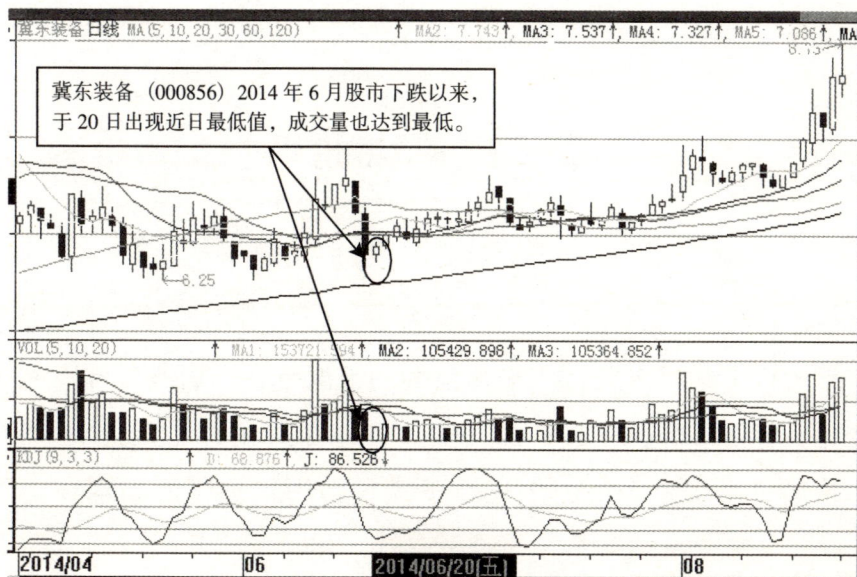

图 6-1 冀东装备（000856）

现，应当引起交易者的注意，由此图可见，后期股市开始看涨。

如图 6-2 所示，渝开发（000514）2014 年 6 月 20 日出现近日股价最低值，并且伴随较小的成交量，形成地量地价，后期股市看涨。

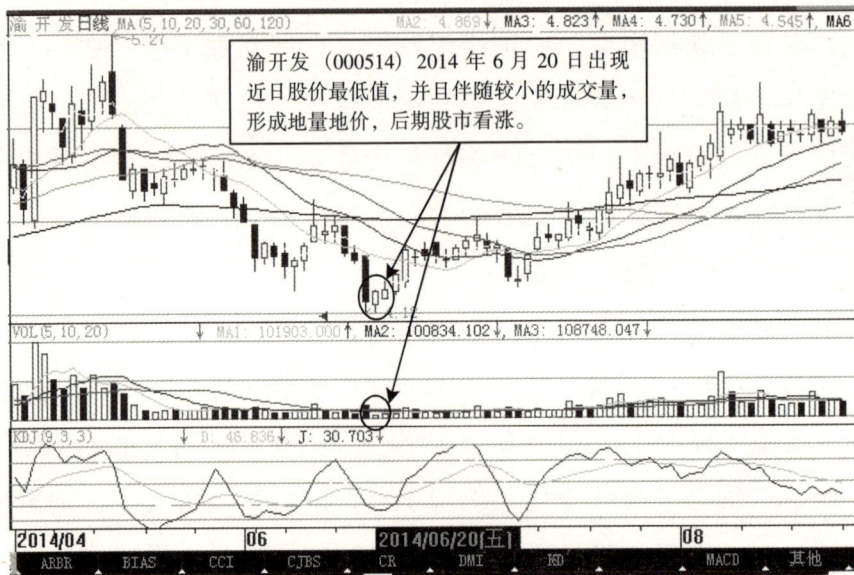

图 6-2 渝开发（000514）

第三节 量增价平

形态释义

量增价平是指个股在成交量增加的情况下，个股股价却没有多大的变化，基本维持在一定价位水平上下波动的一种量价配合现象。

量增价平现象既可能出现在下跌行情中，也可能出现在上涨行情中。

在上涨行情中，股价经过较长一段时间的上升而到了相对高位区

时，常常会出现量增价平的现象，这表明股价在高位放量滞涨，是庄家出货的信号。此时投资者不应贸然行事，持有股票的交易者应考虑减仓或平仓，而没有股票的交易者应持币观望。

而在下跌行情中，股价经过较长一段时间的下跌处在相对低位区时出现量增价平现象的话，则表明股价在低位放量滞涨，此处多为买入信号。但这也不一定意味着跌势的停止，有时庄家为了建仓会对股价进行反手打压，以使更低的筹码出现。因此，小投资者不宜此时进场，而大投资者则可以适度建仓。

案例分析

如图 6-3 所示，海航空股（000503）在经过一段时间股价上涨之后，2014 年 7 月 8 日和 9 日价格大致相同，但 9 日的成交量明显多于 8 日，是典型的量增价平现象。由此图可见，此现象发生于上涨行情的末期，后期股市看跌。

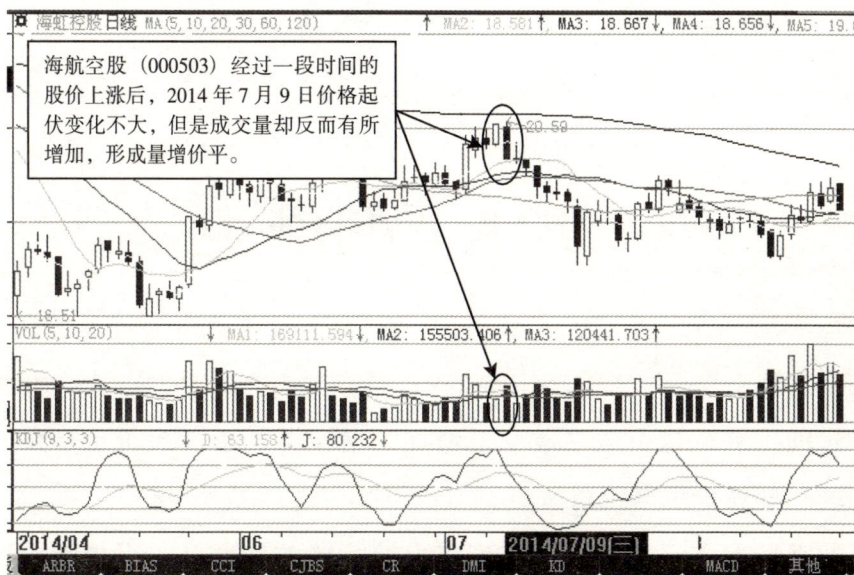

图 6-3 海航空股（000503）

如图 6-4 所示，烯碳新材（000511）在经历过一段时间的价格上涨之后，2014 年 6 月 19 日，该股在高位成交量呈现放量，达到今日来的最高点，但股价没有太大变化，出现量增价平现象。

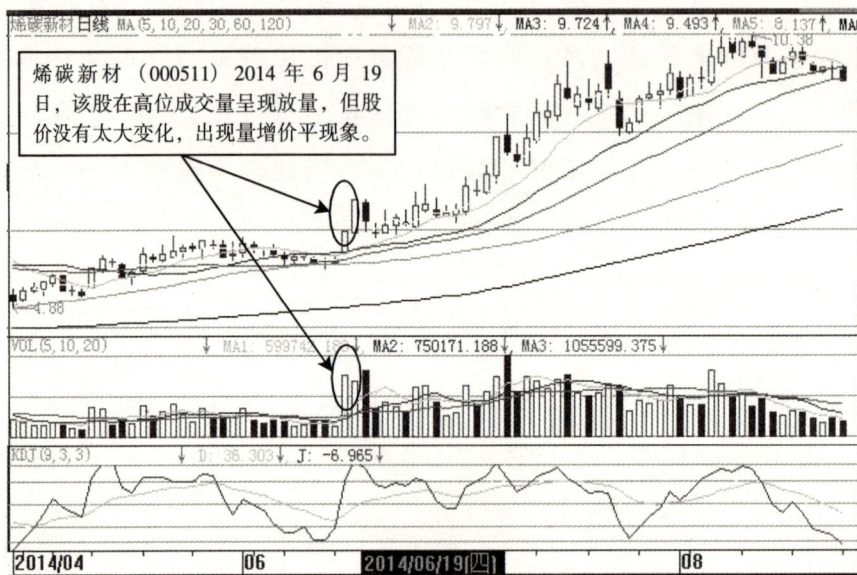

图 6-4　烯碳新材（000511）

第四节　量增价涨

形态释义

量增价涨是指个股在成交量增加的情况下，个股股价也呈现同步上涨的一种量价配合现象。

通常情况下，量增价涨出现在上涨行情的初期，也有小部分这种情况会出现在上涨行情的途中。这意味着多方不断突破关键阻力位的抛压，消耗空头的力量，使股价能够不断上涨。

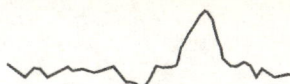

在上涨行情的初期，股价经过较长一段时间的下跌和盘整后，市场中开始逐渐出现一些利好因素，这增强了市场预期向好的心理，换手也逐渐活跃。成交量和股价同步上涨，买股可在这时获得短期收益。

但如果股价处在上涨行情阶段性的顶部，量增价涨则可能是庄家出货的前兆。通常情况下，大成交量是由大量抛单造成的，而且高位的筹码多集中在庄家手中，只有庄家可以提供大量抛单，但散户很难承担接受这些筹码，这样必然会导致股价下跌。但此时股价不降反涨，可见是庄家进行对敲拉升的结果。

案例分析

如图 6-5 所示，山东路桥（000498）在经过一段时间的底盘整理后，股市看涨，股价持续上扬，尤其进入 8 月后，股价的上涨速度加快，由此图可见股票成交量随着股价的上升也剧增，形成量涨价增现象。

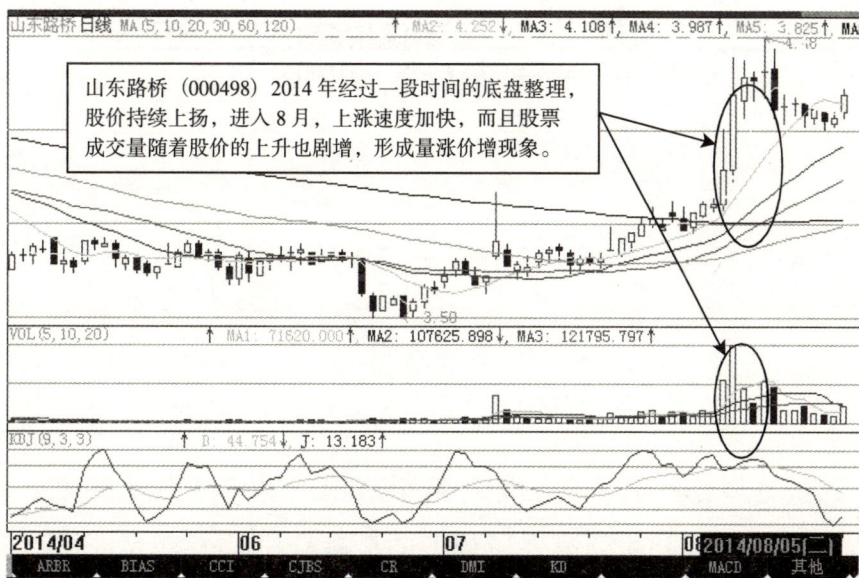

图 6-5　山东路桥（000498）

如图 6-6 所示，晨光生物（300138）2014 年经过一段时间的低位区价格整理后，股市上扬，在 6 月 20 日连续拉出多根小阳线，并且还是持续上升的状态，股价持续上涨，而成交量也随之剧增，6 月 20 日出现量增价涨的情况。由此图可见，此现象为后期股价上涨的初期表现，随即引起股价大范围的持续上涨。

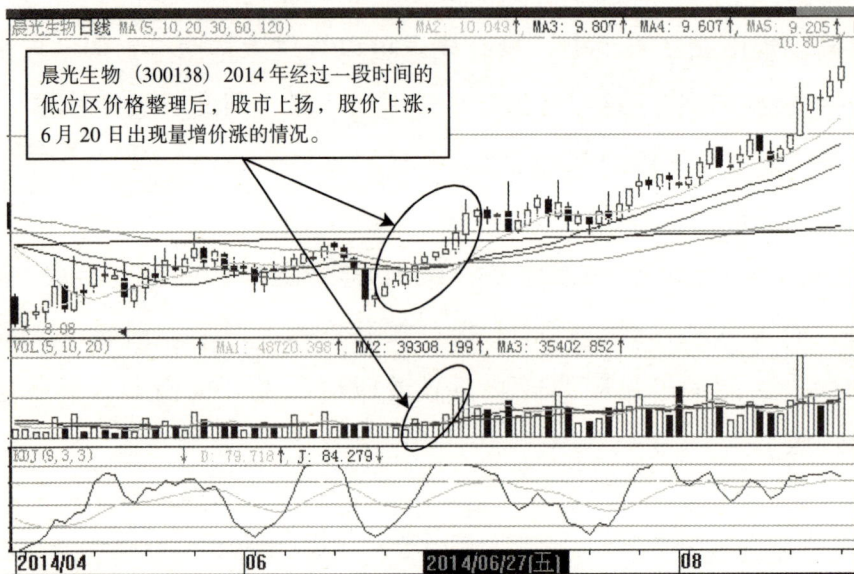

图 6-6　晨光生物（300138）

第五节　天量天价

形态释义

天量是指股票在一直上涨行情中所创下来的最大成交量；天价是指股票在一直上涨行情中所创下的最高价位。天量天价是指个股在成交量巨大的情况下，该股股价也创下新高的现象。天量天价可

以说与地量地价相对，同时它也是量增价涨的极端形式。

天量天价经常出现在上涨行情的末期。当股价处在高价位区间时，成交量会因为庄家对敲行为或者市场极度疯狂行为而创出历史新高，此时也会使股价创出历史新高。但这往往是卖出信号，也是市场盛极而衰的前兆。随着所有看涨的人不断买入，市场也将逐渐失去继续爬高的力量，此时交易者应考虑减仓。

值得注意的是，即便出现天量，但不一定出现天价。因为量价配合过程有一定的滞后性，并且可能只是阶段性的一个小高潮，交易者应注意辨别。

案例分析

如图6-7所示，通程控股（000419）股价在经过一段时间的低位整理后，在2014年5月30日拉出一根大阳线，股价涨至近日来的最高值，此时成交量也是达到近日来的最高值。这往往是行情即将反转的前兆，交易者不宜等待股价继续攀升，因为市场已经失去继续爬高的力量，应考虑减仓。由此图可以看出，随即股价出现下跌现象。

如图6-8所示，*ST生化（000403）进入4月以来股价上下波动起伏，在7月30日股价达到近日的最高值，成交量也是近日的最高值。从图中可以看出，该股在上涨行情的末期，成交量开始放量并最终创出历史新高，股价也同步上涨到高位区并上涨到最高点，达到历史最高价位。此时投资者不宜等待股价继续攀升，因为市场已经失去继续爬高的力量，应考虑减仓。

通程控股（000419）股价在低位整理后，2014 年 5 月 30 日拉出一根大阳线，股价涨至今日的最高值，此时成交量也是达到近日来的最高值。

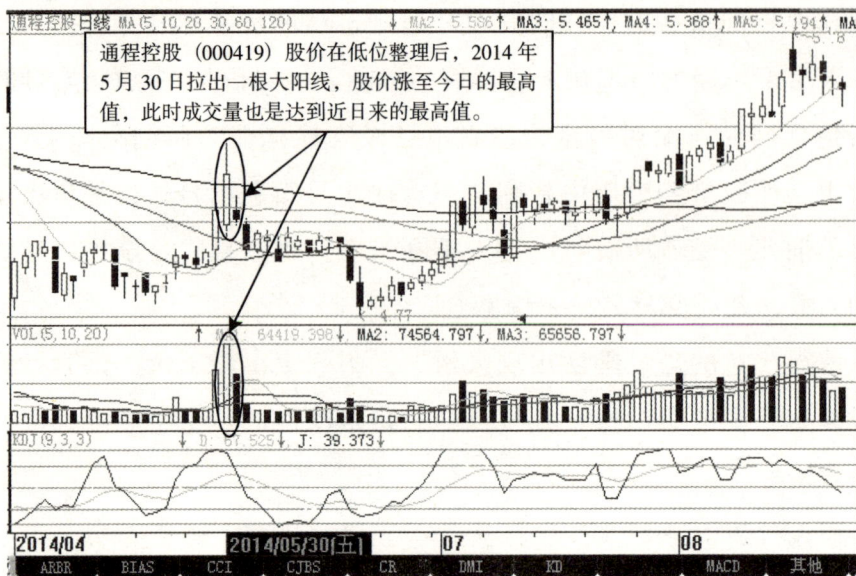

图 6-7　通程控股（000419）

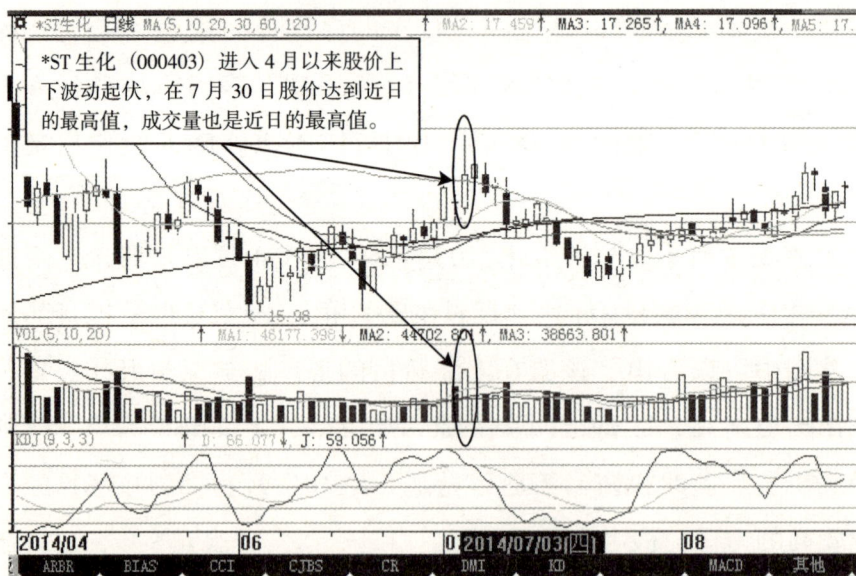

*ST 生化（000403）进入 4 月以来股价上下波动起伏，在 7 月 30 日股价达到近日的最高值，成交量也是近日的最高值。

图 6-8　*ST 生化（000403）

第六节 量增价跌

形态释义

量增价跌是指个股在成交量增加的情况下，个股股价反而下跌的一种量价配合关系。

量增价跌这种情况通常在下跌行情的初期比较易见。因为股价在经过较长一段时间的上涨后市场上的获利筹码越来越多，庄家开始出货。但很多投资者对行情认识的不确定性，使他们继续积极介入，导致成交量的增大。但是庄家出货，必然会使股价下跌，因此就会出现量增价跌的现象。这往往是卖出的信号。交易者见此情况宜尽快平仓了结。

如图6-9所示，万达信息（300168）自2014年6月以来股价持续下跌，在下跌的中期7月9日虽然股价下跌，但成交量却有所增加，形成量增价跌的现象。从图中可以看出，该股在下跌行情的中期，成交量开始呈现出放量，股价与成交量的状态相反，这表明在此阶段，很多投资者没有掌握股价运行的趋势，而是见涨势向好，盲目买进，从而使成交量增加。庄家此时也开始出货，这必将导致股价的下跌，因而就会出现量增价跌的现象。

如图6-10所示，东富龙（300171）在2014年6月与7月分别出现两次量增价跌的现象，分别出现在下跌末期以及初期，在成交量有所增加的情况下，股价却呈现下跌趋势。

万达信息（300168）自 2014 年 6 月以来股价持续下跌，在下跌的中期 7 月 9 日左右虽然股价下跌，但成交量却有所增加，形成量增价跌的现象。

图 6-9　万达信息（300168）

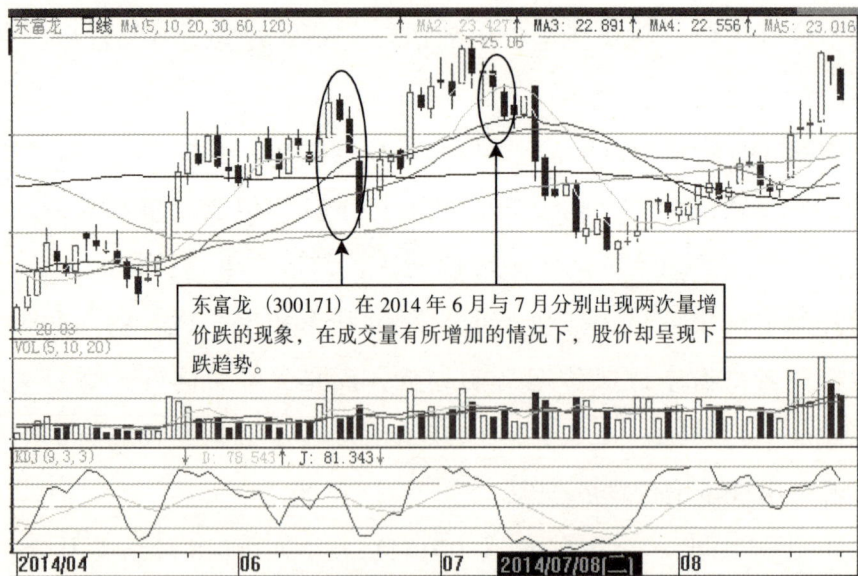

东富龙（300171）在 2014 年 6 月与 7 月分别出现两次量增价跌的现象，在成交量有所增加的情况下，股价却呈现下跌趋势。

图 6-10　东富龙（300171）

第七节 量缩价涨

形态释义

量缩价涨是指个股股价上涨而个股的成交量却减少的情况下出现的一种量价配合现象。

量缩价涨经常出现在上涨行情的末期。当股价经过较长一段时间的上涨到高价位区时，市场几乎已经失去继续爬高的力量，此时庄家准备出货。但是由于庄家早已把个股进行了高度控盘，没有人愿意以那么高的价格来接货，因此成交量缩减。庄家的目的是为了出货，在这种情况下只能自弹自拉来维持股价的继续上涨，所以股价反而上涨。

案例分析

如图 6-11 所示，沃森生物（300142）在 5 月末期经过一段时间股市下跌后，股价开始有所回升，但成交量并未增加而是有所减少。从图 6-11 中可以看到，该股出现在上涨行情的末期，成交量与股价两者的运行趋势相背离。这表明庄家高度控盘，流动筹码基本已被庄家锁定。但是没有人愿意此时来接货，成交量减少。庄家只能自弹自拉维持股价继续上涨，为了出货，只要有交易的机会，庄家就会择机出货。

如图 6-12 所示，在经过一段时间的整理后，梅泰诺（300038）在 2014 年 4 月 29 日出现股价上涨，但成交量却反而有所减少，出现量缩价涨的现象。由此图可以看出，随即股市出现下跌趋势。

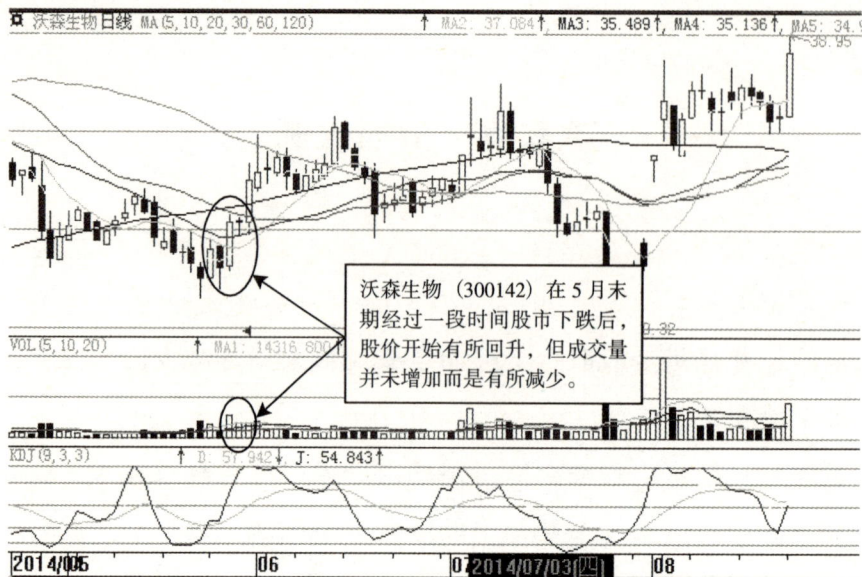

沃森生物（300142）在 5 月末期经过一段时间股市下跌后，股价开始有所回升，但成交量并未增加而是有所减少。

图 6-11　沃森生物（300142）

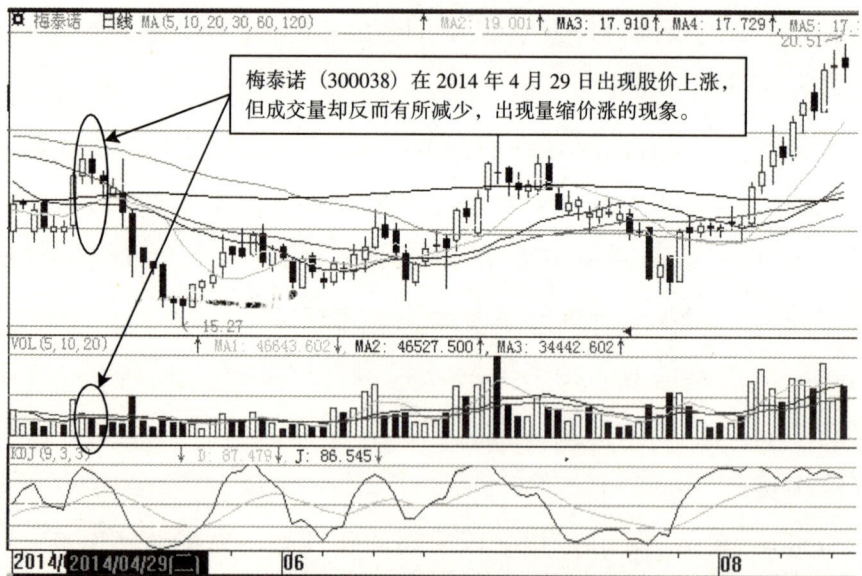

梅泰诺（300038）在 2014 年 4 月 29 日出现股价上涨，但成交量却反而有所减少，出现量缩价涨的现象。

图 6-12　梅泰诺（300038）

第八节　量缩价跌

形态释义

量缩价跌是指个股在成交量减少的情况下，个股股价也同步下跌的一种量价配合现象。

量缩价跌频繁出现在下跌行情的中期或者阶段性的顶部。当股价处于阶段性的顶部时，表明庄家高度控盘，开始出货，但很少有人接盘，因而导致成交量减少，股价也随之降低的现象出现。投资者见此情况出现最好回避。

当股价处于下跌行情的途中时，量缩价跌是很自然的表现。这表明整体行情看跌，买家不愿进场交易，而卖家则急于寻找买家，因而就出现了这种情况。此时，投资者可进行观望等待。

案例分析

如图6-13所示，九洲电气（300040）2014年3月在经历一段时间的价格上涨后，股价于2月中旬开始回落，并且一直持续，此时的成交量也随股价在走下跌之势。从图6-13中可以看出，该股在下跌的过程中，成交量呈现减少状态，股价也不断下降，出现了量缩价跌的现象。这表明庄家在出货后不再回补，股价仍将继续下跌。此时投资者不宜进场，可在场外进行观望。

如图6-14所示，青松股份（300132）在2014年7月16日股价开始下跌，随之成交量也在下滑，出现量缩价跌的现象。

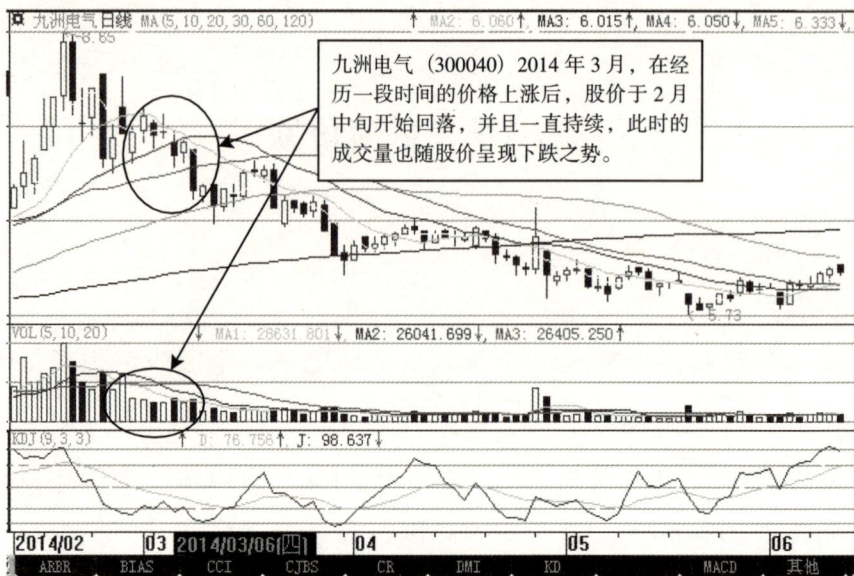

九洲电气（300040）2014 年 3 月，在经历一段时间的价格上涨后，股价于 2 月中旬开始回落，并且一直持续，此时的成交量也随股价呈现下跌之势。

图 6-13　九洲电气（300040）

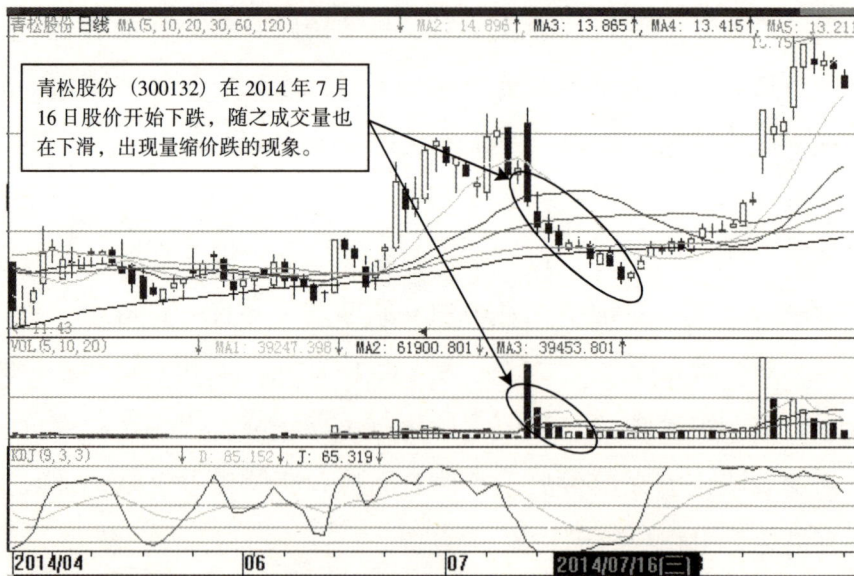

青松股份（300132）在 2014 年 7 月 16 日股价开始下跌，随之成交量也在下滑，出现量缩价跌的现象。

图 6-14　青松股份（300132）

第九节　底部巨量

形态释义

底部巨量是一种比较特殊的现象，指个股在一个相对较低的底部成交量突然呈现出巨大放量的现象。此时，个股股价的走势不能确定，有可能上涨，也可能下跌。但在相对平和的底部区域，多、空双方的意见却有巨大的分歧，从而导致该形态的出现。

底部巨量多出现在突然有重大利好消息，而股票跌势还没有完全消化的时候。因而，多空双方意见有了巨大的分歧，有人看跌后市，有人看多后市。当散户进场承接时，个股后期仍将继续下跌；当主力机构进场承接时，个股后期很可能会一路上涨。庄家也有可能对股价进行反手打压，而后股价继续下跌，直到同期浮动的筹码出局为止。

底部巨量现象出现的原因有很多种，除了上面提到的以外，还有可能是庄家放出的假信号，在股价半山腰做了一次反弹行情。也有可能是有新的股票开始上市流通。但不管是哪种底部放量，都不值得交易者参与。

案例分析

如图 6-15 所示，华策影视（300133）自 3 月以来股价持续走低，至 3 月 27 日价格降至最低，而此时的成交量却在高位起伏，形成底部巨量现象。在相对底部区域，成交量呈现出巨大放量，而后，该股股价继续下跌。此时交易者不宜进行任何的交易。因为，从该股的后市走势来看，股价仍将有一段时间的下跌，直到最终见底为止。

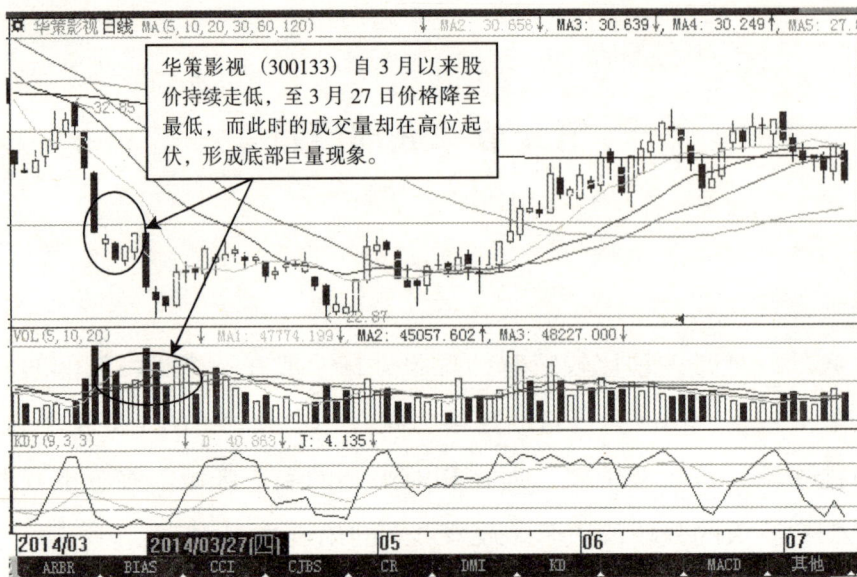

图 6-15　华策影视（300133）

如图 6-16 所示，沃森生物（300142）自 2014 年 7 月股价持续下跌，23 日跌至最低，此时成交量却明显增加，形成底部巨量现象。

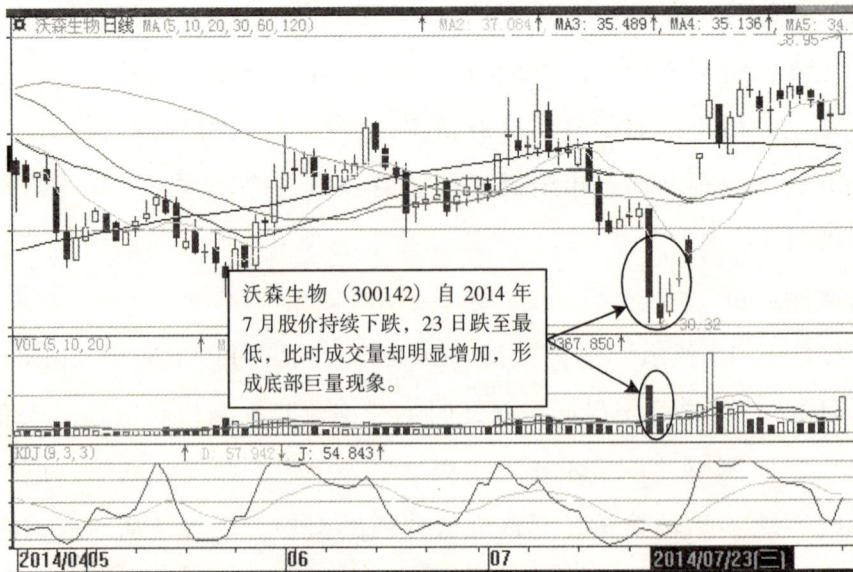

图 6-16　沃森生物（300142）

附　录

见顶形态和见底形态的 K 线、K 线组合

序号	名称	图形	特征	技术含义	备注
1	早晨十字星（希望十字星）		（1）出现在下跌途中 （2）由 3 根 K 线组成，第一根是阴线，第二根是十字线，第三根是阳线。第三根 K 线实体深入到第一根 K 线实体之内	见底信号，后市看涨	
2	日出之星（希望之星）		和早晨十字星相似，区别在于早晨十字星的第二根 K 线是十字线，而早晨之星的第二根 K 线是小阴线或小阳线	见底信号，后市看涨	信号不如早晨十字星强
3	好友反攻		（1）出现在下跌行情中 （2）由一阴一阳两根 K 线组成 （3）先是一根大阴线，接着跳低开盘，结果收了一根中阳线或大阳线，并且收在前一根 K 线收盘价相同或相近的位置上	见底信号，后市看涨	转势信号不如曙光初现强
4	曙光初现		（1）出现在下跌趋势中 （2）由一阴一阳两根 K 线组成 （3）先是一根大阴线或中阴线，接着出现一根大阳线或中阳线。阳线的实体深入到阴线实体的 1/2 以上处	见底信号，后市看涨	阳线实体深入阴线实体的部分越多，转势信号越强

序号	名称	图形	特征	技术含义	备注
5	旭日东升		(1) 出现在下跌趋势中 (2) 由一阴一阳两根 K 线组成 (3) 先是一根大阴线或中阴线，接着出现一根高开的大阳线或中阳线，阳线的收盘价已高于前一根阴线的开盘价	见底信号，后市看涨	(1) 强于曙光初现 (2) 阳线实体高出阴线实体部分越多，转势信号越强
6	倒锤头线		(1) 出现在下跌途中 (2) 阳线（亦可以是阴线）实体很小，上影线大于或等于实体的两倍 (3) 一般无下影线，少数会略有一点下影线	见底信号，后市看涨	实体与上影线比例越悬殊，信号越有参考价值。如倒锤头与早晨之星同时出现，见底信号就更加可靠
7	锤头线		(1) 出现在下跌途中 (2) 阳线（亦可以是阴线）实体很小，下影线大于或等于实体的两倍 (3) 一般无上影线，少数会略有一点上影线	见底信号，后市看涨	如锤头与早晨之星同时出现，见底信号就更加可靠
8	平底，又称钳子底		(1) 在下跌趋势中出现 (2) 由两根或两根以上的 K 线组成 (3) 最低价处在同一水平位置上	见底信号，后市看涨	
9	塔形底		(1) 出现在下跌趋势中 (2) 先是一根大阴线或中阴线，后为一连串的小阴小阳线，最后出现一根大阳线或中阳线	见底信号，后市看涨	转势信号不如曙光初现强
10	圆底		(1) 在跌势中出现 (2) 股价形成一个圆弧底 (3) 圆弧内的 K 线多为小阴小阳线，最后以向上跳空缺口来确认，圆底形态成立	见底信号，后市看涨	与技术图形的圆底有一定区别
11	旭日东升		(1) 出现在下跌趋势中 (2) 由两根阳线组成 (3) 第一根阳线跳空低开，其收盘时在前一根 K 线下方留有一个缺口，后面一根阳线与第一根阳线并肩而立	见底信号，后市看涨	
12	低档五阳线		(1) 出现在下跌行情中 (2) 连续拉出 5 根阳线，多为小阳线	见底信号，后市看涨	低档五阳线不一定都是 5 根阳线，有时也可能是 6 根、7 根阳线

序号	名称	图形	特征	技术含义	备注
13	连续跳空三阴线		(1) 出现在下跌趋势中 (2) 连续出现 3 根向下跳空低开的阴线	见底信号，后市看涨	如在股价已有大幅下挫的情况下出现，见底可能性更大
14	红三兵		(1) 出现在上涨行情初期 (2) 由 3 根连续创新高的小阳线组成	见底信号，后市看涨	当 3 根小阳线收于最高或接近最高点时，称为 3 个白色武士，3 个白色武士拉升股价的作用要强于普通的红三兵，投资者应引起足够重视
15	冉冉上升形		(1) 在盘整后期出现 (2) 由若干 K 线组成（一般不少于 8 根），其中以小阳线居多，中间也可夹着小阴线、十字线 (3) 整个 K 线排列呈略微向上倾斜状	见底信号，后市看涨	该 K 线组合犹如冉冉升起的旭日，升幅虽不大，但往往是股价大涨的前兆，如成交量能同步放大，这种可能性就很大
16	徐缓上升形		(1) 多数出现在涨势初期 (2) 先接连出现几个小阳线，然后才拉出中大阳线	见底信号，后市看涨	
17	稳步上涨形		(1) 出现在上涨行情中 (2) 众多阳线中夹着较少的小阴线。整个 K 线排列呈向上倾斜状	见底信号，后市看涨	后面的阳线对插入的阴线覆盖的速度越快越有力，上升的潜力就越大
18	上升抵抗形		(1) 在上涨途中出现 (2) 由若干 K 线组成 (3) 连续跳高开盘，即使中间收出阴线，但收盘价要比前一根 K 线的收盘价高	见底信号，后市看涨	
19	弧形线		(1) 在涨势初期出现 (2) 由若干 K 线组成 (3) 股价走势是一个向上的抛物线	见底信号，后市看涨	一旦弧形线为市场认可，上涨周期就很长
20	下探上涨形		在上涨途中，突然跳低开盘（甚至以跌停板开盘），当日以涨势收盘收出一根大阳线（甚至以涨停板收盘）	见底信号，后市看涨	多数为控盘庄家利用消息洗盘，一般后市将有一段较大升势
21	跳空下跌三颗星		(1) 出现在连续下跌途中 (2) 由 3 根小阴线组成 (3) 3 根小阴线有一个明显的空白区域，也即通常所说的缺口	见底信号	如果在 3 根小阴线后出现一根大阳线，上涨的可能性就更大

序号	名称	图形	特征	技术含义	备注
22	两红夹一绿		(1) 既可出现在涨势中，也可出现在跌势中 (2) 由两根较长的阳线和 1 根较短的阴线组成，阴线夹在阳线之中	看涨、见底	在涨势中出现，继续看涨；在跌势中出现是见底信号
23	黄昏十字星		(1) 出现在涨势中 (2) 由 3 根 K 线组成，第一根为阳线，第二根为十字线，第三根为阴线。第三根 K 线实体深入到第一根 K 线之内	见顶信号，后市看跌	
24	黄昏之星		和黄昏十字星相似，区别在于黄昏十字星第二根 K 线是十字线，而黄昏之星第二根 K 线是小阴线或小阳线	见顶信号，后市看跌	信号不如黄昏十字星强
25	淡友反攻		(1) 出现在涨势中 (2) 由一阳一阴两根 K 线组成 (3) 先是出现一根大阳线，接着跳高开盘，结果拉出一根中阴线或长阴线，收在前一根 K 线收盘价相同或相近的位置上	见顶信号，后市看跌	转势信号不如乌云盖顶强
26	乌云压顶		(1) 出现在涨势中 (2) 由一根中阳线或大阳线和一根中阴线或大阴线组成 (3) 阴线已深入到阳线实体 1/2 以下处	见顶信号，后市看跌	阴线深入阳线实体部分越多，转势信号越强
27	倾盆大雨		(1) 出现在上涨趋势中 (2) 由一阳一阴两根 K 线组成 (3) 先是一根大阳线或中阳线，接着出现一根低开的大阴线或中阴线，阴线的收盘价已低于前一根阳线的开盘价	见顶信号，后市看跌	见顶信号强于乌云盖顶，阴线实体低于阳线实体部分越多，转势信号越强
28	射击之星，又称流星、扫帚星		(1) 出现在上涨趋势中 (2) 阳线（亦可以是阴线）实体很小，上影线大于或等于实体的两倍 (3) 一般无下影线，少数会略有一点下影线	见顶信号，后市看跌	实体与上影线比例越悬殊，信号越有参考价值。如射击之星与黄昏之星同时出现，见顶信号就更加可靠
29	吊颈线		(1) 出现在涨势中 (2) 阳线（亦可以是阴线）实体很小，下影线大于或等于实体的两倍 (3) 一般无上影线，少数略有一点上影线	见顶信号，后市看跌	实体与下影线比例越悬殊，越有参考价值。如吊颈线与黄昏之星同时出现，见顶信号就更加可靠

序号	名称	图形	特征	技术含义	备注
30	平顶，又称钳子顶		（1）在上涨趋势中出现 （2）由两根或两根以上的K线组成 （3）最高价处在同一水平位置上	见顶信号，后市看跌	
31	塔形顶		（1）出现在上涨趋势中 （2）先是一根大阳线或中阳线，后为一连串的小阳小阴线，最后出现一根大阴线或中阴线	见顶信号，后市看跌	
32	圆弧顶		（1）在上涨趋势中出现 （2）股市形成一个圆弧顶 （3）圆弧内的K线多为小阳小阴线，最后以向下跳空缺口来确认，圆顶形态成立	见顶信号，后市看跌	与技术图形的圆顶有一定区别
33	双飞乌鸦		（1）出现在涨势中 （2）由两根一大一小阴线组成 （3）第一根阴线的收盘价高于前一根阳线的收盘价，且第二根阴线完全包容了第一根阴线	见顶信号，后市看跌	
34	三只乌鸦，又称暴跌三杰		（1）出现在涨势中 （2）由3根阴线组成，阴线多为大阴线或中阴线 （3）每次均以跳高开盘，最后以下跌收盘	见顶信号，后市看跌	
35	高档五阴线		（1）出现在涨势中 （2）由5根阴线组成，但多为小阴线 （3）先是拉出一根较有力度的阳线，接着连续出现5根并排阴线	见顶信号，后市看跌	高档五阴线不一定都是5根阴线，有时也可能是6根、7根阴线
36	下降覆盖线		（1）在上涨行情中出现 （2）由4根K线组成。前两根K线构成一个穿头破脚形态，第三根K线是一根中阳线或小阳线，但阳线的实体通常比前一根阴线要短，之后又出现一根中阴线或小阴线，阴线实体已深入到前一根阳线实体之中	见顶信号，后市看跌	见顶信号要强于穿头破脚

上升形态和下跌形态的 **K** 线、**K** 线组合

序号	名称	图形	特征	技术含义	备注
1	早晨十字星（希望十字星）		（1）出现在下跌途中 （2）由 3 根 K 线组成，第一根是阴线，第二根是十字线，第三根是阳线。第三根 K 线实体深入到第一根 K 线实体之内	见底信号，后市看涨	
2	日出之星（希望之星）		和早晨十字星相似，区别在于早晨十字星的第二根 K 线是十字线，而早晨之星的第二根 K 线是小阴线或小阳线	见底信号，后市看涨	信号不如早晨十字星强
3	好友反攻		（1）出现在下跌行情中 （2）由一阴一阳两根 K 线组成 （3）先是一根大阴线，接着跳低开盘，结果收了一根中阳线或大阳线，并且收在前一根 K 线收盘价相同或相近的位置上	见底信号，后市看涨	转势信号不如曙光初现强
4	曙光初现		（1）出现在下跌趋势中 （2）由一阴一阳两根 K 线组成 （3）先是一根大阴线或中阴线，接着出现一根大阳线或中阳线。阳线的实体深入到阴线实体的 1/2 以上处	见底信号，后市看涨	阳线实体深入阴线实体的部分越多，转势信号越强
5	旭日东升		（1）出现在下跌趋势中 （2）由一阴一阳两根 K 线组成 （3）先是一根大阳线或中阳线，接着出现一根高开的大阳线或中阳线，阳线的收盘价已高于前一根阴线的开盘价	见底信号，后市看涨	（1）强于曙光初现 （2）阳线实体高出阴线实体部分越多，转势信号越强
6	倒锤头线		（1）出现在下跌途中 （2）阳线（亦可以是阴线）实体很小，上影线大于或等于实体的两倍 （3）一般无下影线，少数会略有一点下影线	见底信号，后市看涨	实体与上影线比例越悬殊，信号越有参考价值。如倒锤头与早晨之星同时出现，见底信号就更加可靠

序号	名称	图形	特征	技术含义	备注
7	锤头线		(1) 出现在下跌途中 (2) 阳线实体很小，下影线大于或等于实体的两倍 (3) 一般无上影线，少数会略有一点上影线	见底信号，后市看涨	锤头实体与下影线比例越悬殊，越有参考价值。如锤头与早晨之星同时出现，见底信号就更加可靠
8	平底，又称钳子底		(1) 在下跌趋势中出现 (2) 由两根或两根以上的 K 线组成 (3) 最低价处在同一水平位置上	见底信号，后市看涨	
9	塔形底		(1) 出现在下跌趋势中 (2) 先是一根大阴线或中阴线，后为一连串的小阴小阳线，最后出现一根大阳线或中阳线	见底信号，后市看涨	转势信号不如曙光初现强
10	圆弧底		(1) 在跌势中出现 (2) 股价形成一个圆弧底 (3) 圆弧内的 K 线多为小阴小阳线，最后以向上跳空缺口来确认，圆底形态成立	见底信号，后市看涨	与技术图形的圆底有一定区别
11	旭日东升		(1) 出现在下跌趋势中 (2) 由两根阳线组成 (3) 第一根阳线跳空低开，其收盘时在前一根 K 线下方留有一个缺口，后面一根阳线与第一根阳线并肩而立	见底信号，后市看涨	
12	低档五阳线		(1) 出现在下跌行情中 (2) 连续拉出 5 根阳线，多为小阳线	见底信号，后市看涨	低档五阳线不一定都是 5 根阳线，有时也可能是 6 根、7 根阳线
13	连续跳空三阴线		(1) 出现在下跌趋势中 (2) 连续出现 3 根向下跳空低开的阴线	见底信号，后市看涨	如在股价已有大幅下挫的情况下出现，见底可能性更大

既是上升形态又是下跌形态的 K 线、K 线组合

序号	名称	图形	特征	技术含义	备注
1	冉冉上升形		(1) 在盘整后期出现 (2) 由若干小 K 线组成（一般不少于 8 根），其中以小阳线居多，中间也可夹着小阴线、十字线 (3) 整个 K 线排列呈略微向上倾斜状	见底信号，后市看涨	该 K 线组合犹如冉冉升起的旭日，升幅虽不大，但它往往是股价大涨的前兆，如成交量能同步放大，这种可能性就很大
2	两红夹一绿		(1) 既可出现在涨势中，也可出现在跌势中 (2) 由两根较长的阳线和 1 根较短的阴线组成，阴线夹在阳线之中	看涨、见底	在涨势中出现，继续看涨；在跌势中出现是见底信号
3	绵绵阴跌形		(1) 在盘整后期出现 (2) 由若干根小 K 线组成（一般不少于 8 根），其中以小阴线居多，中间也可夹着一些小阳线、十字线 (3) 整个 K 线排列呈微向下倾斜状	卖出信号，后市看跌	每步跌幅虽不大，但犹如黄梅天的阴雨下个不停，从而延长了下跌的时间和拓展了下跌的空间，股价很可能就此长期走弱了。因此对绵绵阴跌走势的个股，应及早做出止损离场的决断
4	两绿夹一红		(1) 既可出现在涨势中，也可出现在跌势中 (2) 由两根较长的阴线和一根较短的阳线组成，阳线夹在阴线之中	见顶、看跌	在涨势中出现，是见顶信号；在跌势中出现，继续看跌
5	大阳线		(1) 可出现在任何情况下 (2) 阳线实体较长，可略带上下影线	后市看涨	在上涨刚开始时出现大阳线，后市看涨；在上涨途中出现大阳线，继续看涨；在连续加速上涨行情中出现大阳线，是见顶信号，在连续下跌的行情中出现大阳线，是见底回升的信号 阳线实体越长，信号越可靠

序号	名称	图形	特征	技术含义	备注
6	大阴线		(1) 可出现在任何情况下 (2) 阴线实体较长，可略带上、下影线	见顶信号，后市看跌	在涨势中出现大阴线，是见顶信号；在下跌刚开始时出现大阴线，后市看跌；在下跌途中出现大阴线，继续看跌；在连续加速下跌行情中出现大阴线，有空头陷阱之嫌疑。
7	小阳线		(1) 在盘整行情中出现较多，也可在上涨和下跌行情中出现 (2) K线实体很小，可略带上、下影线	行情不明朗	多空双方小心接触，但多方略占上风，单根小阳线研判意义不大，应结合其他K线形态一起研判
8	小阴线		(1) 在盘整行情中出现较多，也可在下跌和上涨行情中出现 (2) K线实体很小，可略带上、下影线	行情不明朗	多空双方小心接触，但空方略占上风，单根小阴线研判意义不大，应结合其他K线形态一起研判
9	十字线		(1) 既可出现在涨势中，也可出现在跌势中 (2) 开盘价、收盘价相同，成为"一"字，但上、下影线较短	行情不明朗	在上涨趋势末端出现，是见顶信号；在下跌趋势末端出现，是见底信号。在上涨途中出现，继续看涨；在下跌途中出现，继续看跌，信号可靠性不强。应结合其他K线一起研判
10	长十字线		(1) 既可出现在涨势中，也可出现在跌势中 (2) 开盘价、收盘价相同，成为"一"字，但最高价与最低价拉很开，因此上、下影线都很长	在上涨趋势末端出现，是见顶信号；在下跌趋势末端出现，是见底信号。在上涨途中出现，继续看涨；在下跌途中出现，继续看跌	虽然长十字线的技术含义与一般的十字线的含义相同，但其信号可靠程度远比后者高。因此，投资者可将它作为"逃顶"与"抄底"的重要参考指标
11	螺旋桨		(1) 既可出现在涨势中，也可出现在跌势中 (2) 开盘价、收盘价相近，K线实体（可阳可阴）很小，但最高价与最低价拉得很开，因此上、下影线都很长	在涨势中出现，后市看跌；在下跌途中出现，继续看跌；在连续加速下跌行情中出现，有见底回升的信号	转势信号比长十字线更强

序号	名称	图形	特征	技术含义	备注
12	一字线	——	(1) 既可出现在涨势中，也可出现在跌势中 (2) 开盘价、收盘价、最高价、最低价几乎相同，成为"一"字	在上涨趋势中出现，是买进信号；在下跌趋势中出现，是卖出信号	涨跌停板制度下，一字线有特别意义。涨势中出现一字线，表示股价封在涨停价上，说明多头气盛，日后该股往往会变成强势股；跌势中出现一字线，表示股价封杀在跌停价上，说明空头力量极其强大，日后该股往往会变成弱势股
13	T 字线		开盘价、收盘价、最高价粘连在一起，成为"一"字，但最低价与之有相当距离，因而在 K 线上留下一根下影线，构成"T"字状图形	在上涨趋势末端出现，为卖出信号；在下跌趋势末端出现，为买进信号，在上涨途中出现，继续看涨；在下跌途中出现，继续看跌	T 字线下影线越长，力度越大，信号越可靠
14	倒 T 字线		开盘价、收盘价、最低价粘连在一起，成为"一"字，但最高价与之有相当距离，因而在 K 线上留下一根上影线，构成倒"T"字状图形	在上涨趋势末端出现，为卖出信号；在下跌趋势末端出现，为买进信号。在上涨途中出现，继续看涨；在下跌途中出现，继续看跌	倒 T 字线上影线越长，力度越大，信号越可靠。在上升趋势中出现的倒 T 字线，称为上档倒 T 字线，又称下跌转折线
15	搓揉线		(1) 多出现在涨势中 (2) 由一正一反两根 T 字线组成	在上涨途中出现，继续看涨，在上涨末端出现，是见顶信号	在上涨途中出现的搓揉以小 T 字线居多；在上涨末端出现的搓揉线以大 T 字线居多
16	尽头线		(1) 既可出现在涨势中，也可出现在跌势中 (2) 由两根一大一小 K 线组成 (3) 出现在涨势中，第一根 K 线为大阳线或中阳线，并留有一根上影线，第二根 K 线为小十字线或小阳小阴线，依附在第一根 K 线的上影线之内 (4) 出现在跌势中，第一根 K 线为大阴线或中阴线，并留有一根下影线，第二根 K 线为小十字线或小阳小阴线，依附在第一根 K 线的下影线之内	出现在涨势中，是见顶信号；出现在跌势中，是见底信号	尽头线的上影线或下影线的右方，带着的 K 线越小（如小十字星），则信号越强

序号	名称	图形	特征	技术含义	备注
17	穿头破脚		（1）既可在上涨趋势中出现，也可在下跌趋势中出现 （2）由大小不等、阴阳相反的两根K线组成 （3）在上涨趋势中出现，前一根为阳线，后一根为阴线，后者将前者实体全部包含在内（不包括上下影线） （4）在下跌趋势中出现，前一根为阴线	在上涨趋势中出现，是卖出信号；在下跌趋势中出现，是买进信号	两根K线的长短越悬殊，或一根长的K线包含前面的K线越多，信号的参考价值就越大
18	身怀六甲		（1）既可在上涨趋势中出现，也可在下跌趋势中出现 （2）由大小不等的两根K线组成，两根K线可一阴一阳，亦可同是两阳或两阴 （3）第一根K线实体能包含第二根K线实体 （4）第二根K线可以是小阴、小阳、十字线	在上涨趋势中出现，是卖出信号；在下跌趋势中出现，是买进信号	若第二组K线为十字线，俗称十字胎，在身怀六甲中，十字胎是力度最大的K线形态之一
19	镊子线		（1）既可出现在涨势中，也可出现在跌势中 （2）由3根二大一小的K线组成 （3）3根K线的最高价几乎处在同一水平位置上（从图上看像有人拿镊子夹一块小东西）	在上涨时出现为头部信号；在下跌时出现为底部信号	
20	上档盘旋形		（1）出现在上涨途中 （2）由若干根或十几根K线组成 （3）在上涨拉出一根较有力度的阳线后，就出现了阴阳交错、上下波动范围很小的横盘走势	上档盘旋时间在5~14天内多数看涨，超过14天多数看跌	盘旋时间太久，说明多方上攻愿望不强，因而跌的可能性很大
21	加速度线		（1）既可出现在涨势中，也可出现在跌势中 （2）上涨时出现加速度线，表现为开始缓慢爬升，后来攀升速度越来越快，接着连续拉出中阴线或大阴线 （3）下跌时出现加速度线，表现为开始缓慢下跌，后来下跌速度越来越快，接着连续拉出中阴线或大阴线	在上涨时出现为头部信号；在下跌时出现为底部信号	
22	黑三兵		（1）出现在跌势中 （2）由3根阴线组成，阴线多为大阴线或中阴线 （3）每根阴线都以最低价或次低价报收，最后一根往往是大阴线	在下跌初期出现，继续看跌；在下跌后期出现，是见底信号	在连续阴跌不止情况下，特别是在股价已有较大跌幅后出现三连阴，表明已经用尽筹码，是见底信号

参考文献

［1］（美）史蒂夫·尼森.日本蜡烛图技术：古老东方投资术的现代指南［M］.丁圣元译.北京：地震出版社，2003.

［2］奋斗.操盘赢家③图解 K 线形态［M］.广州：广东经济出版社，2012.

［3］黎航.股市操练大全（第一册）——K 线，技术图形识别和练习专辑［M］.上海：上海三联书店，1999.

［4］（美）格里高里·莫里斯，（美）赖安·里奇菲尔德.蜡烛图精解：股票和期货交易的永恒技术（原书第三版）［M］.王柯译.北京：机械工业出版社，2014.